Ce livre de coloriage appartient à :

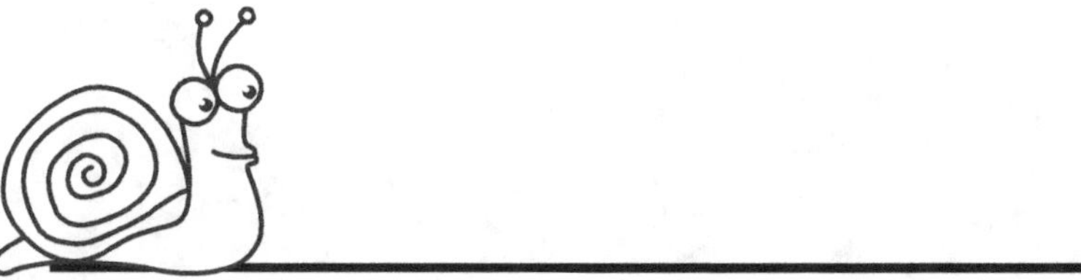

____

____

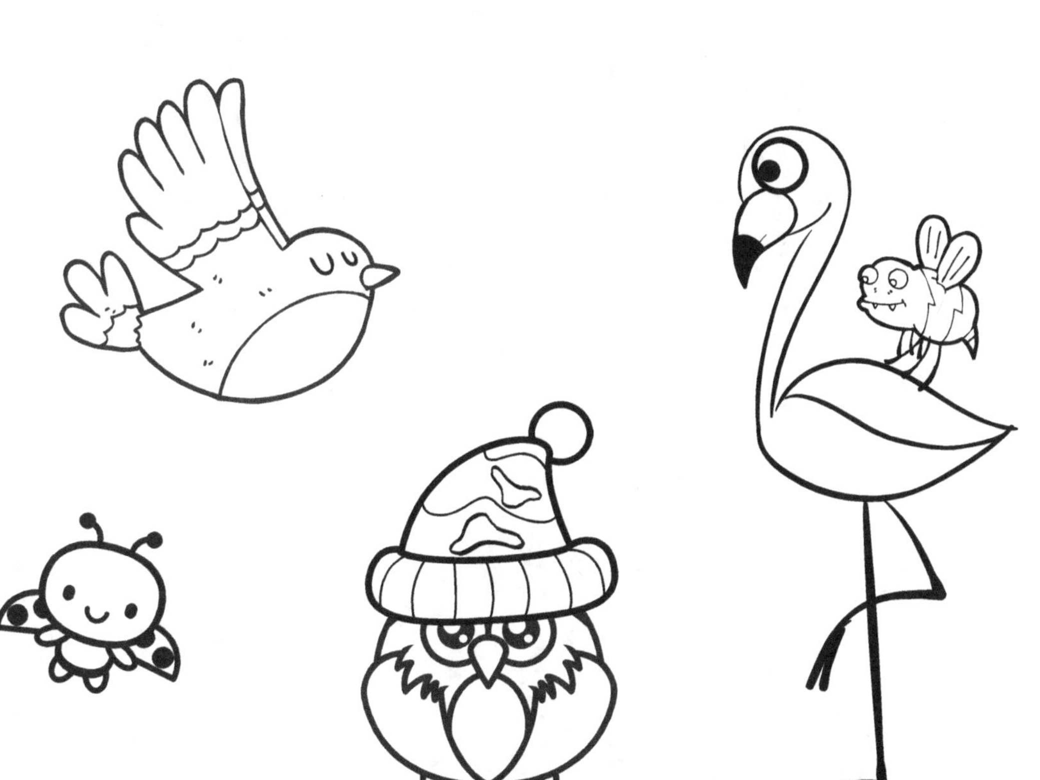

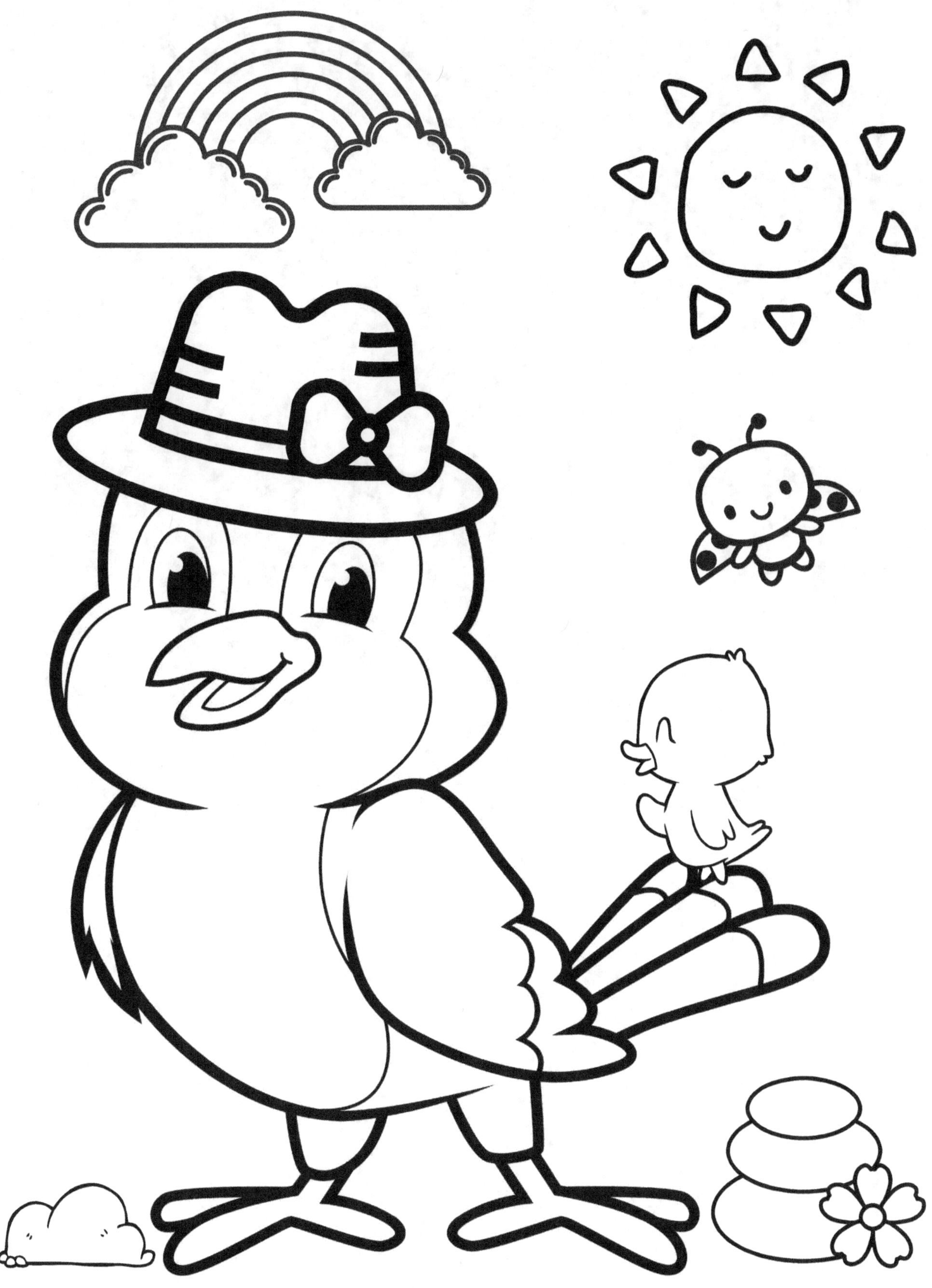

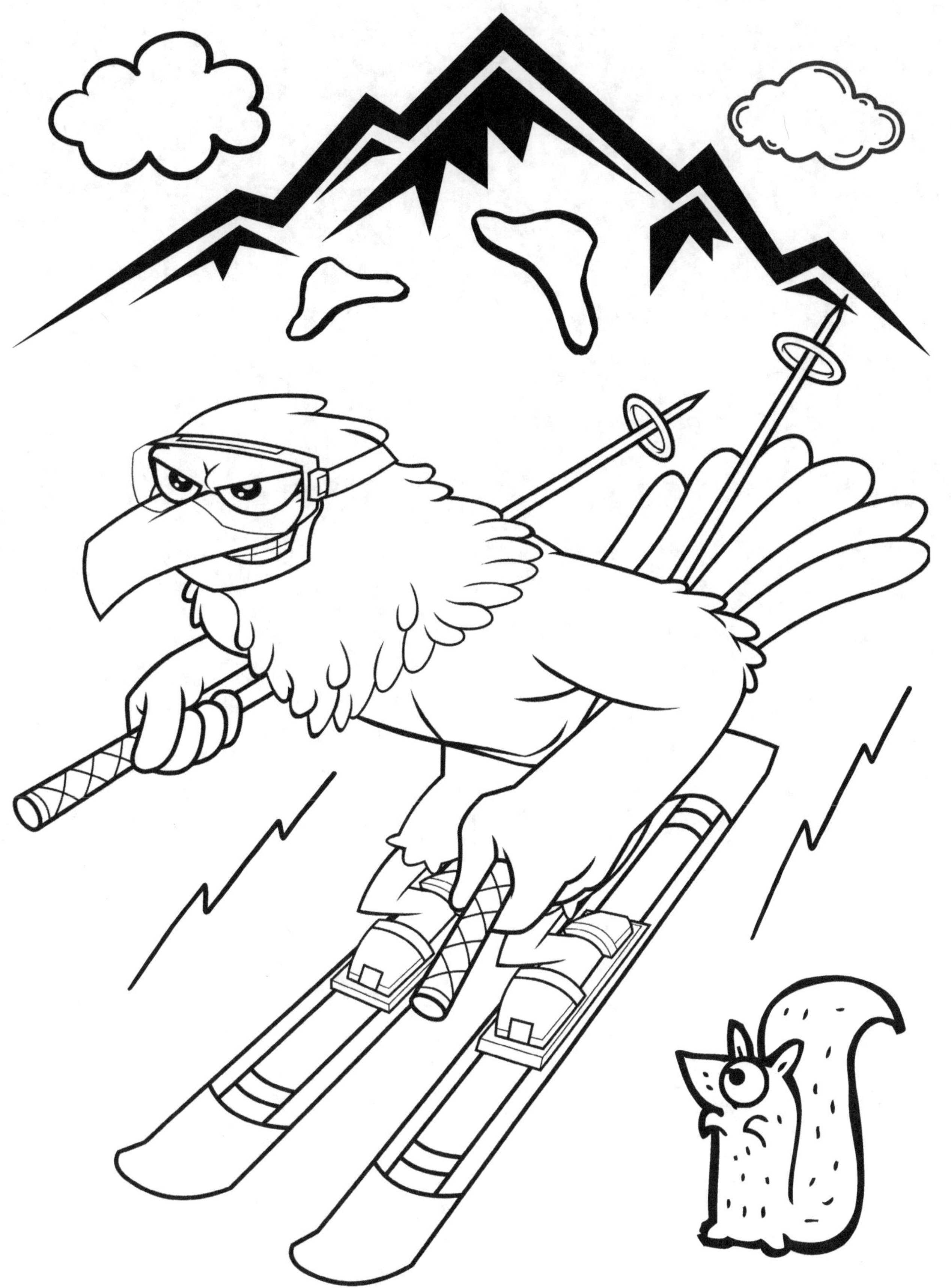

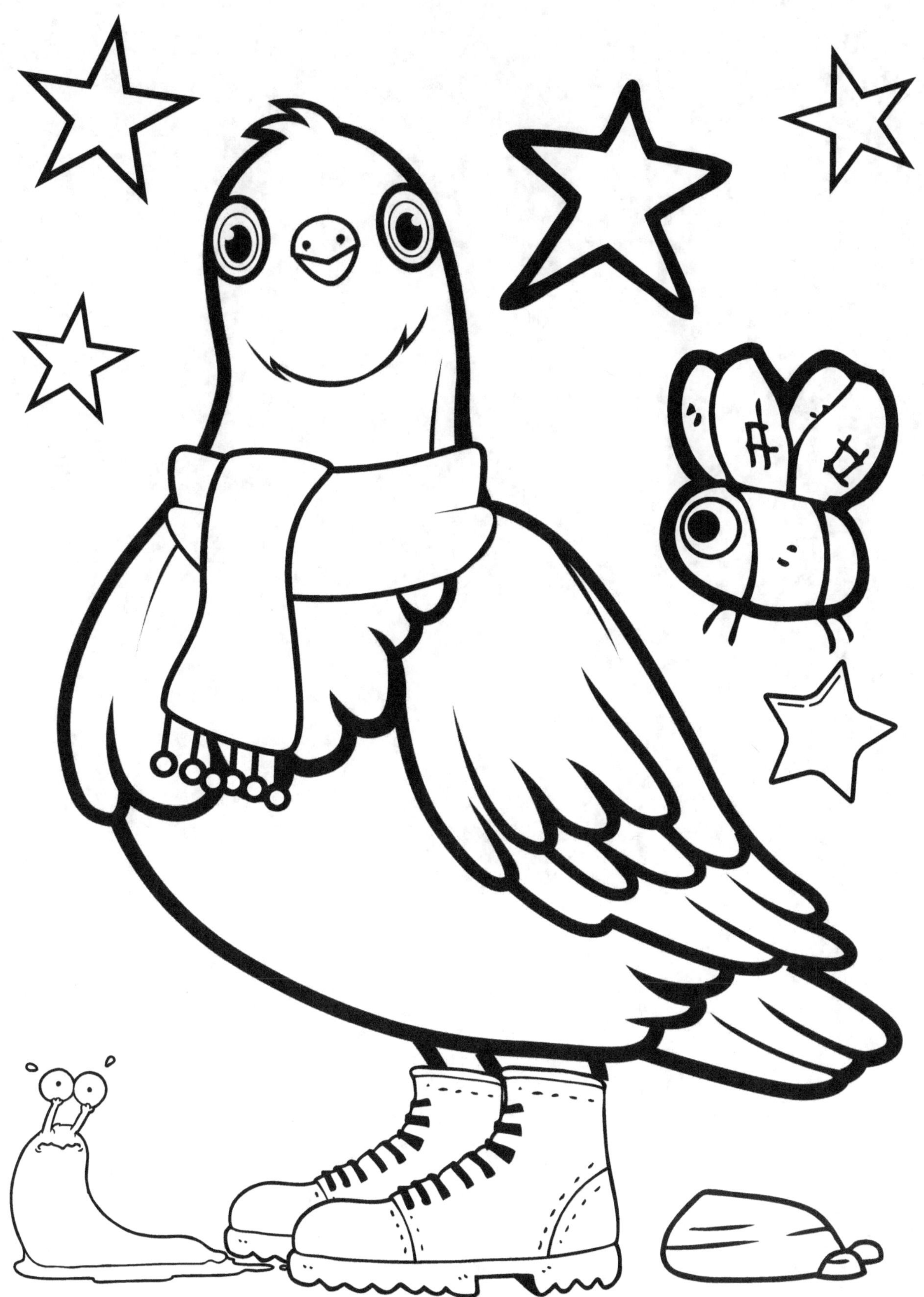

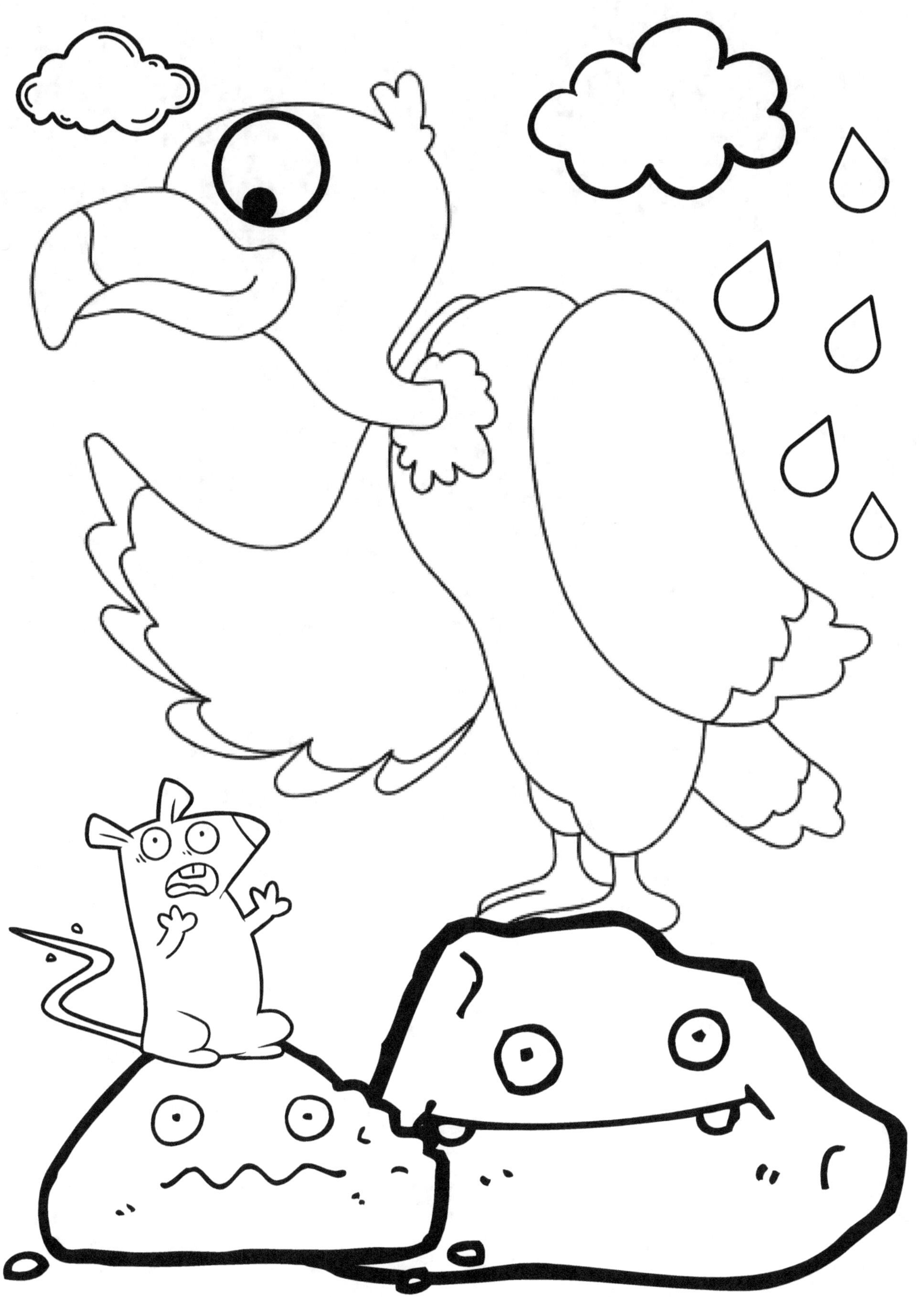

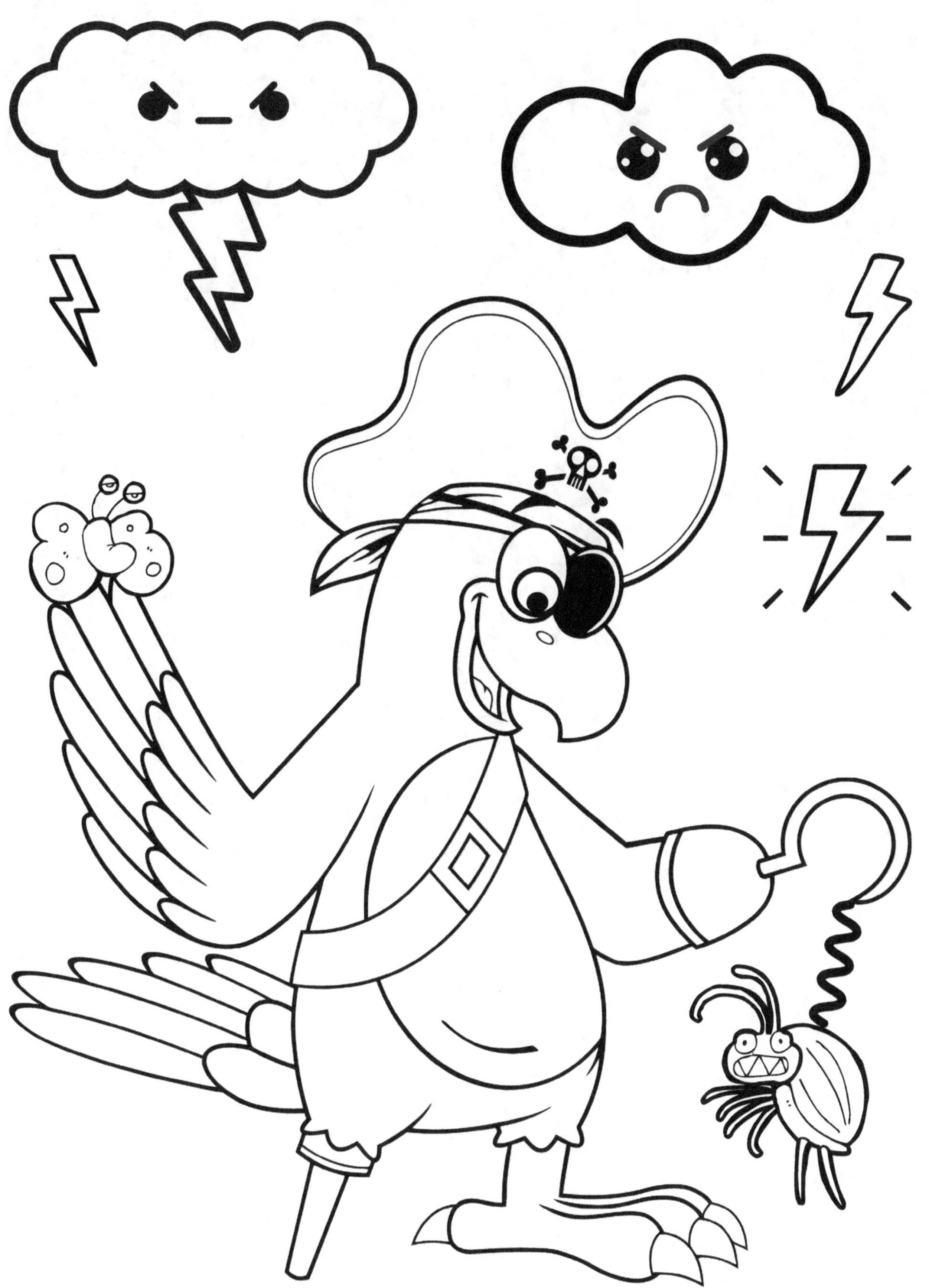

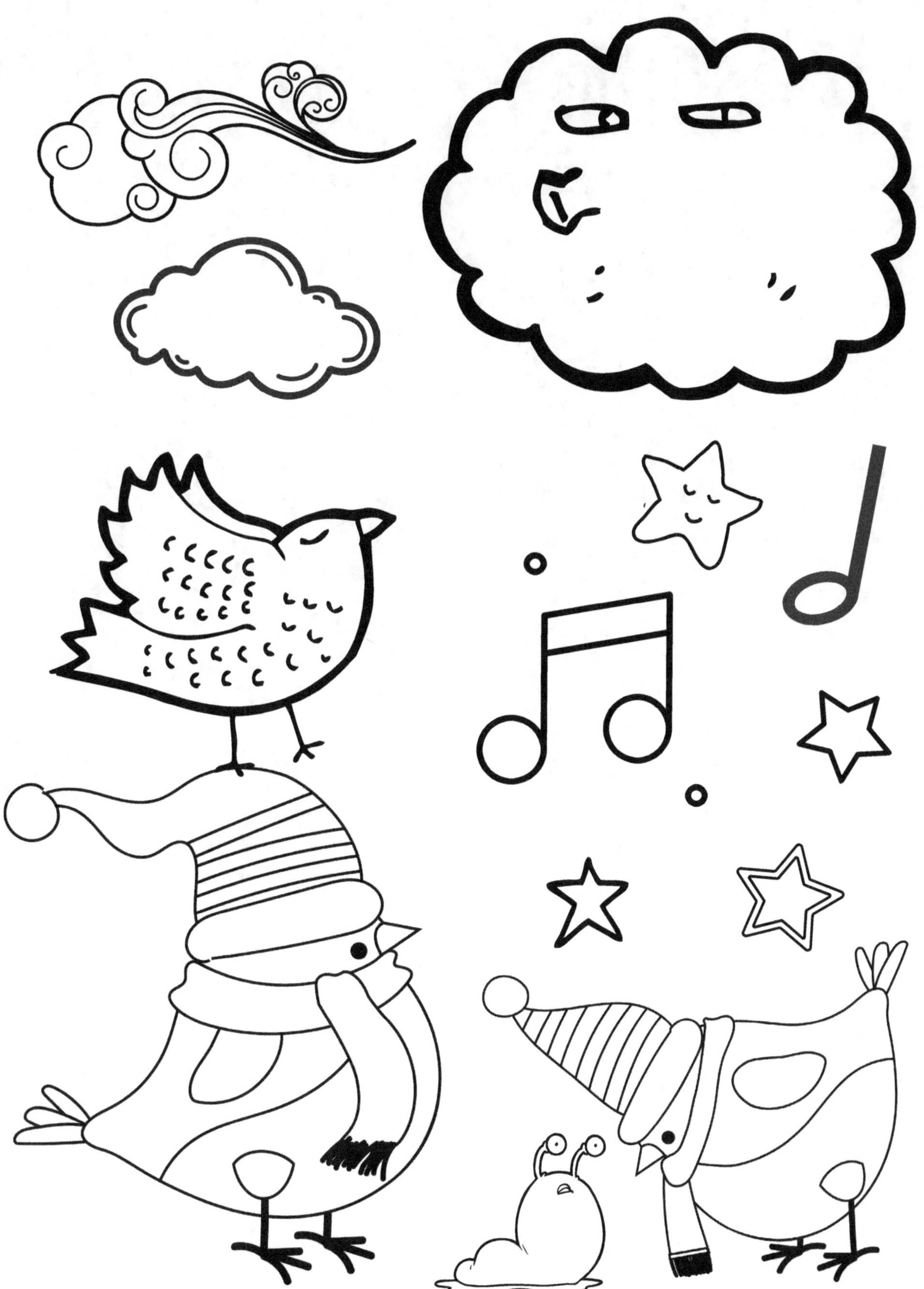

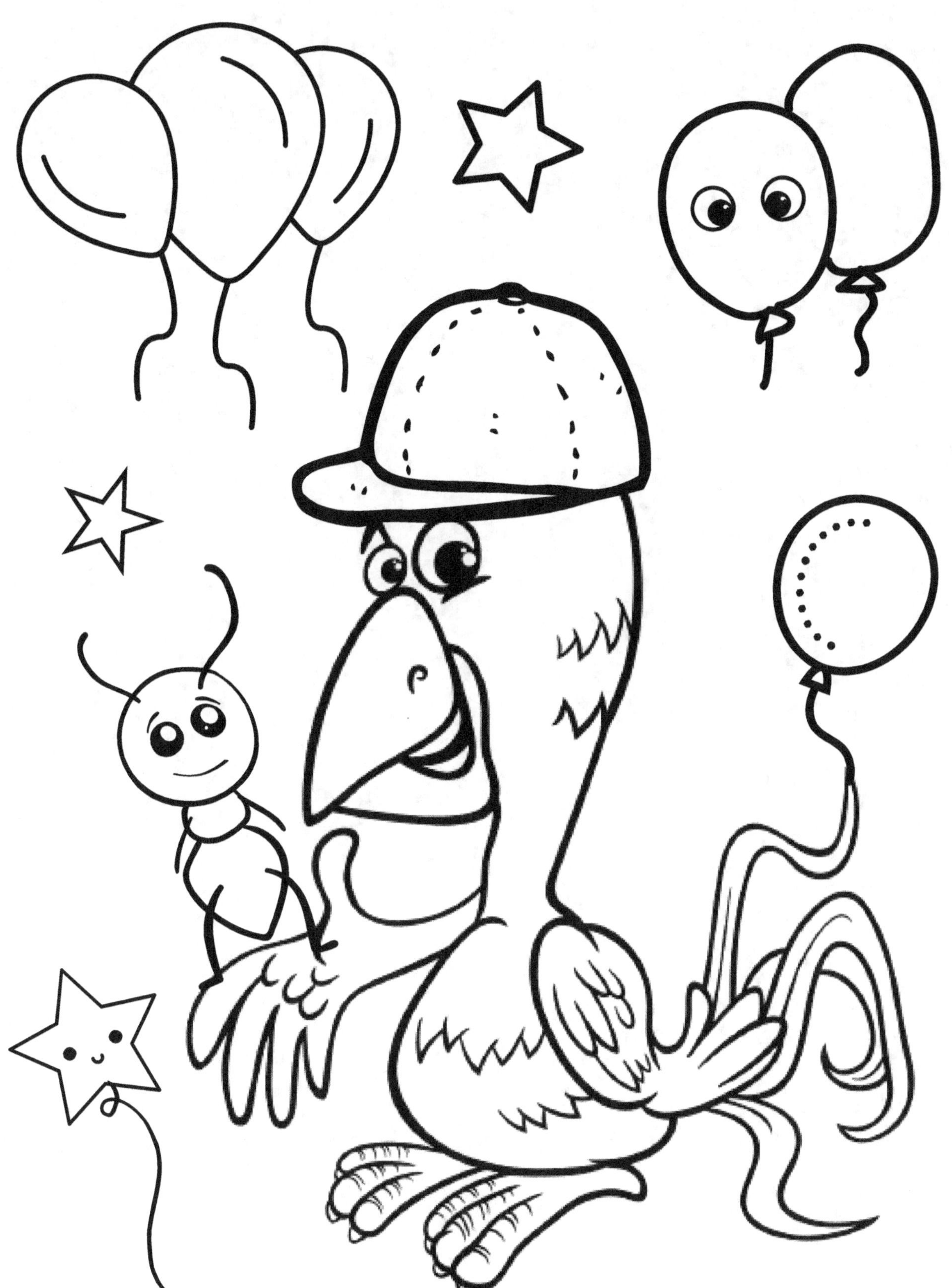

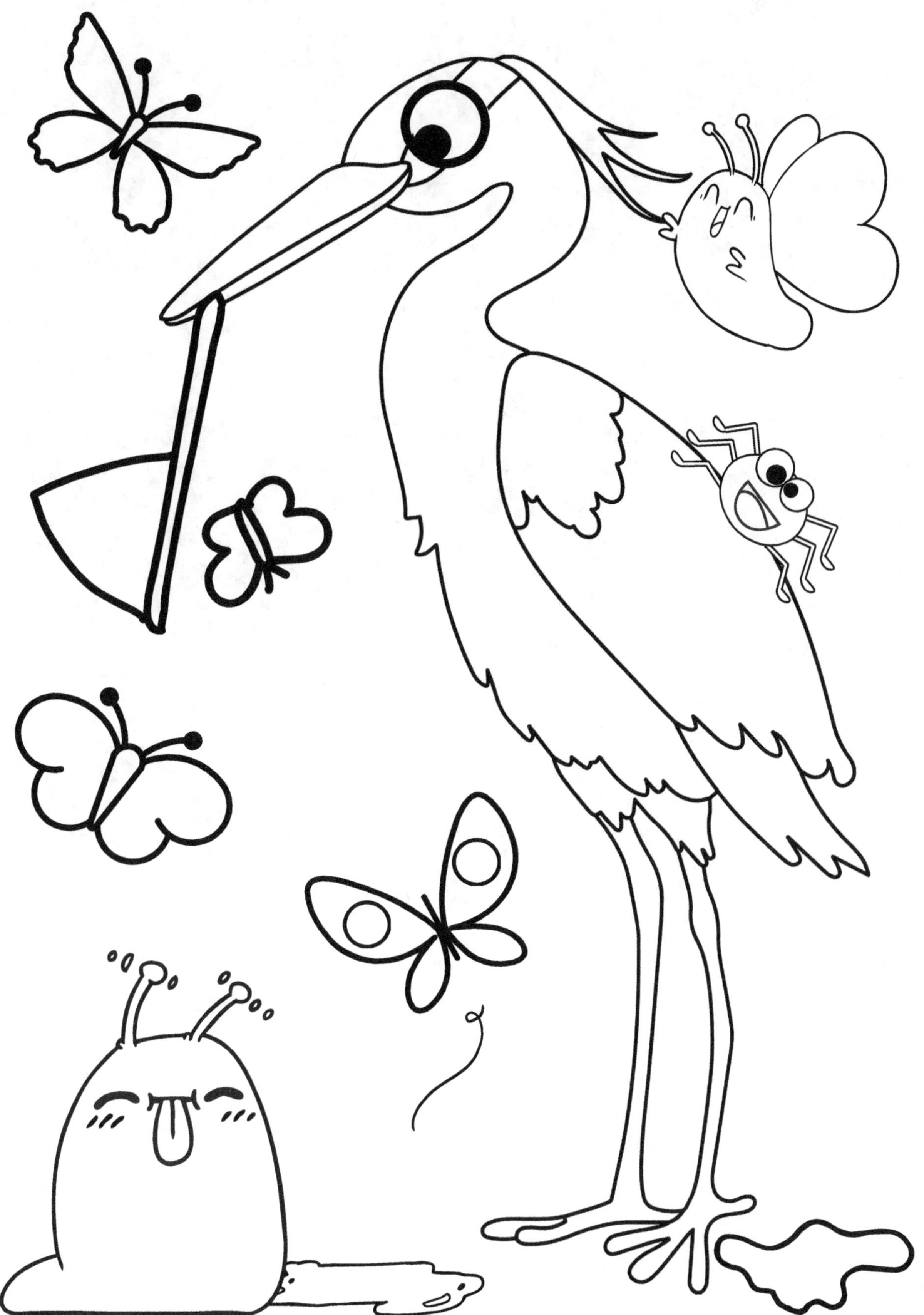

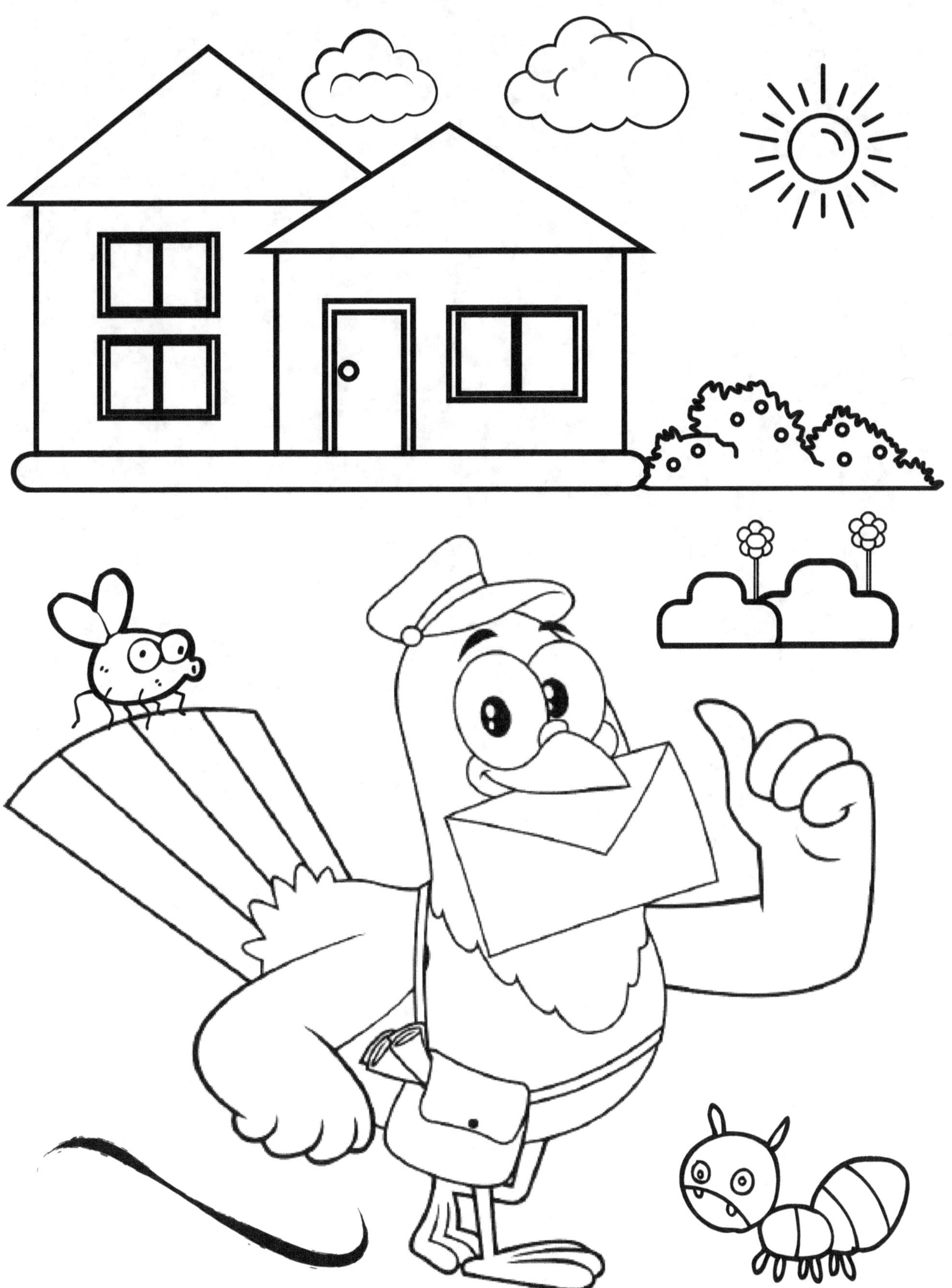

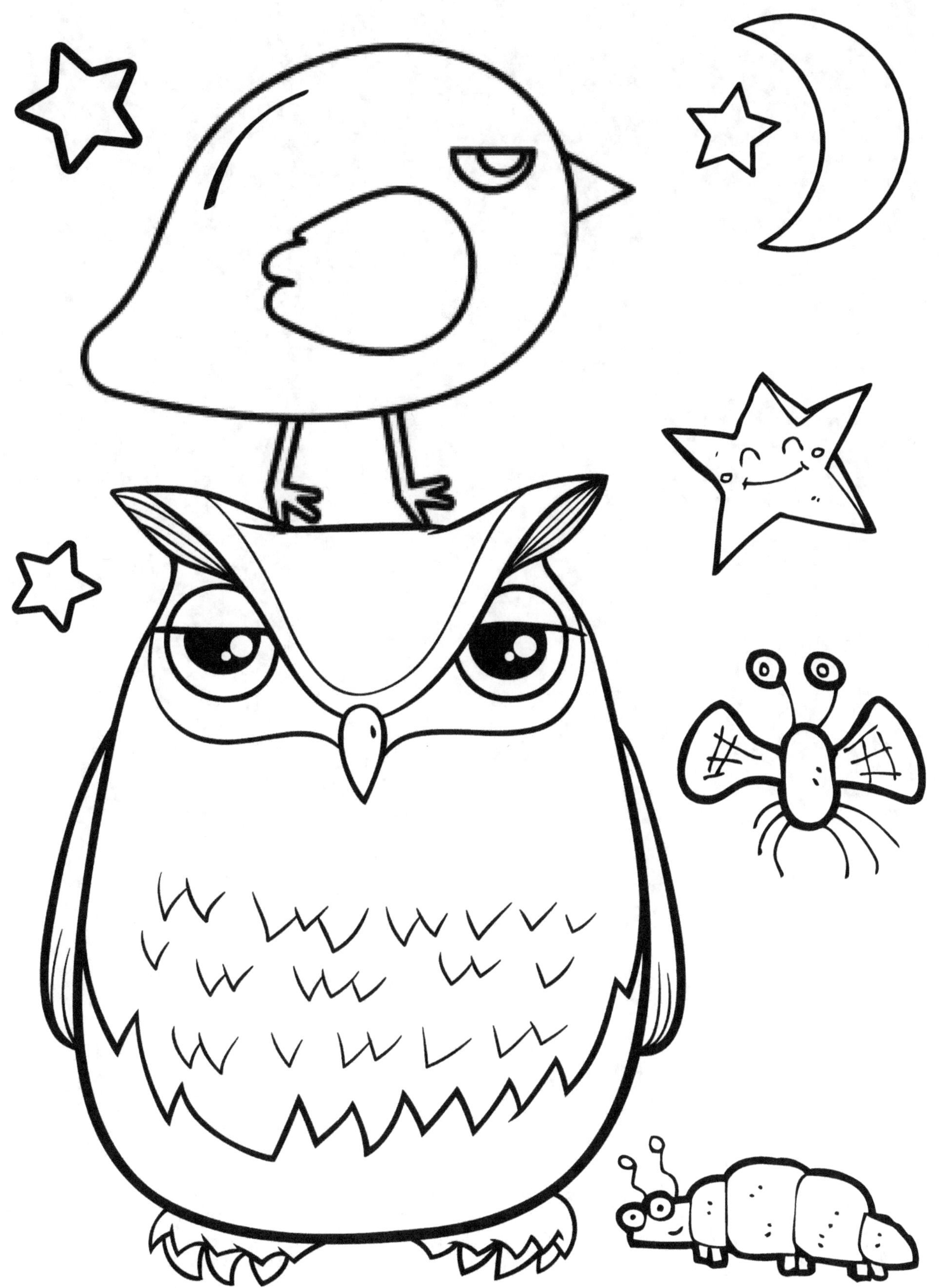

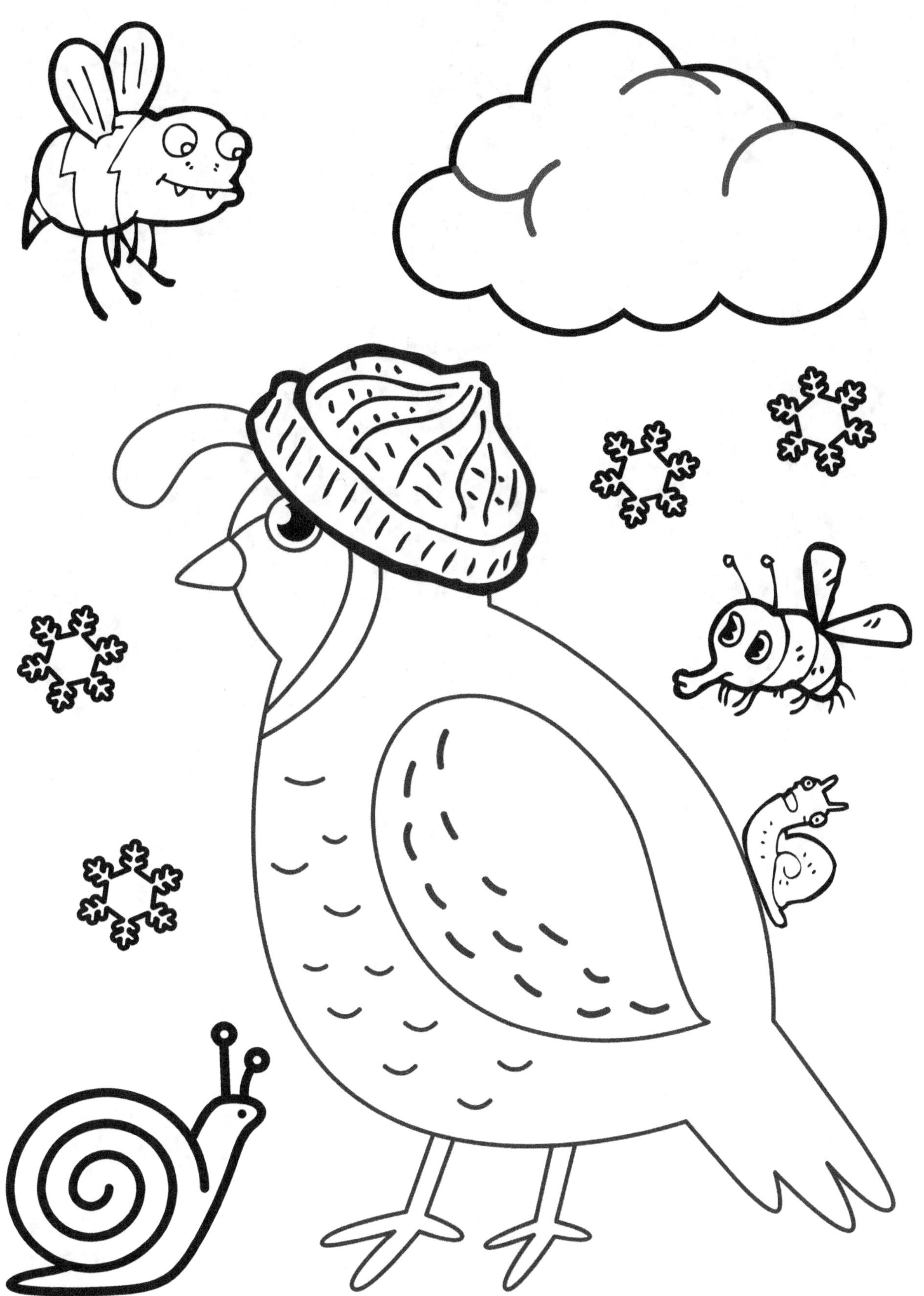

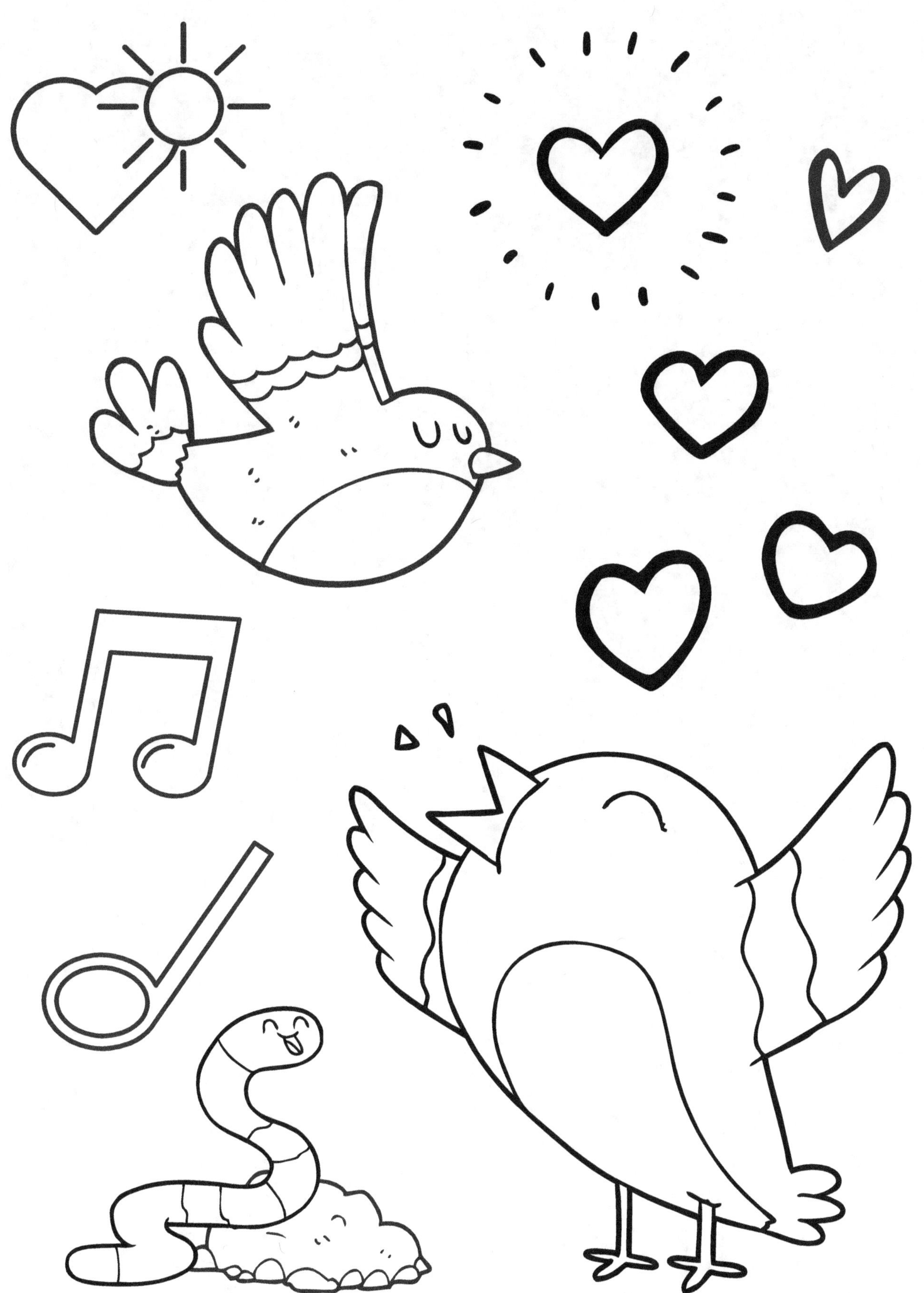

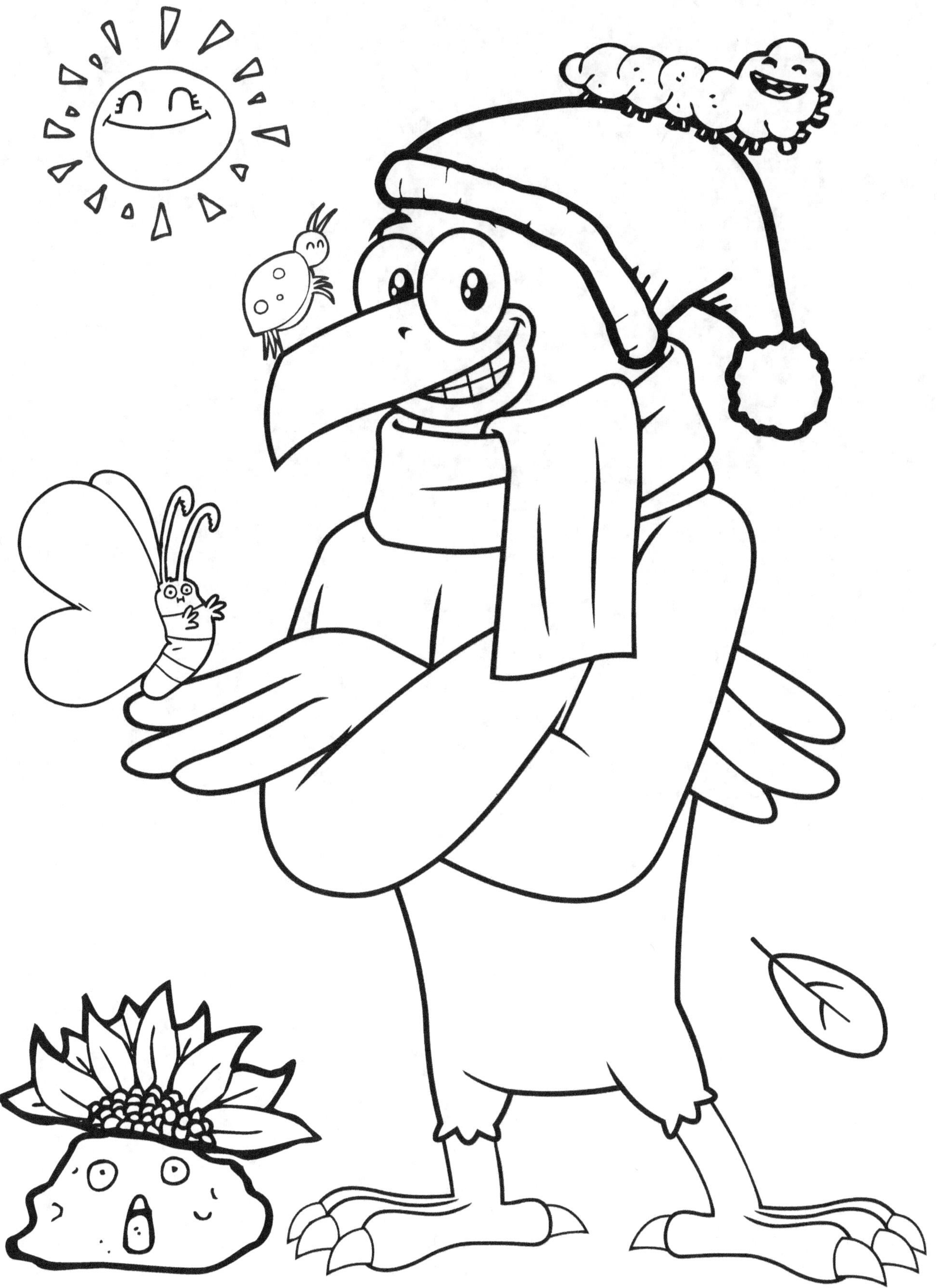

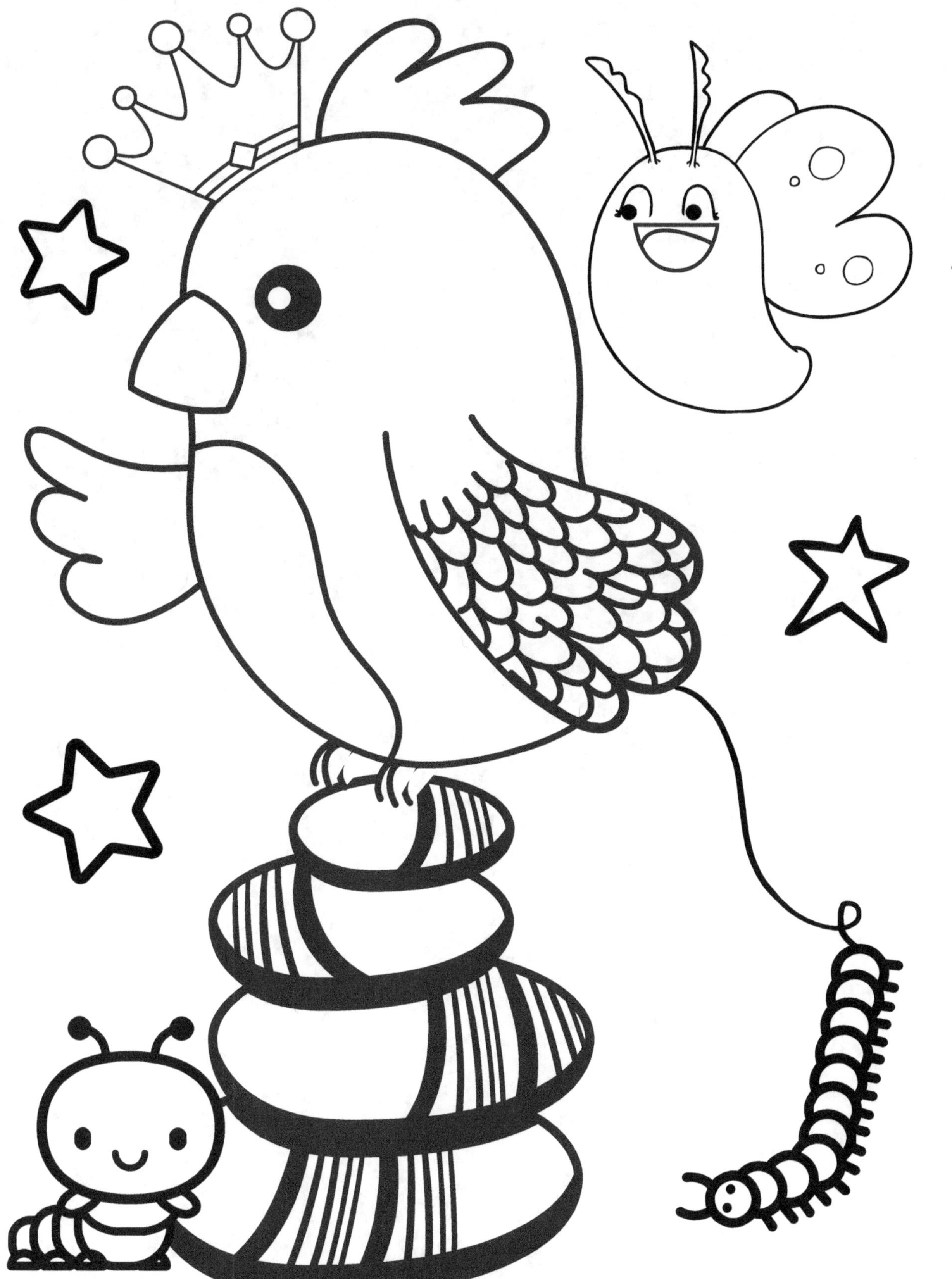

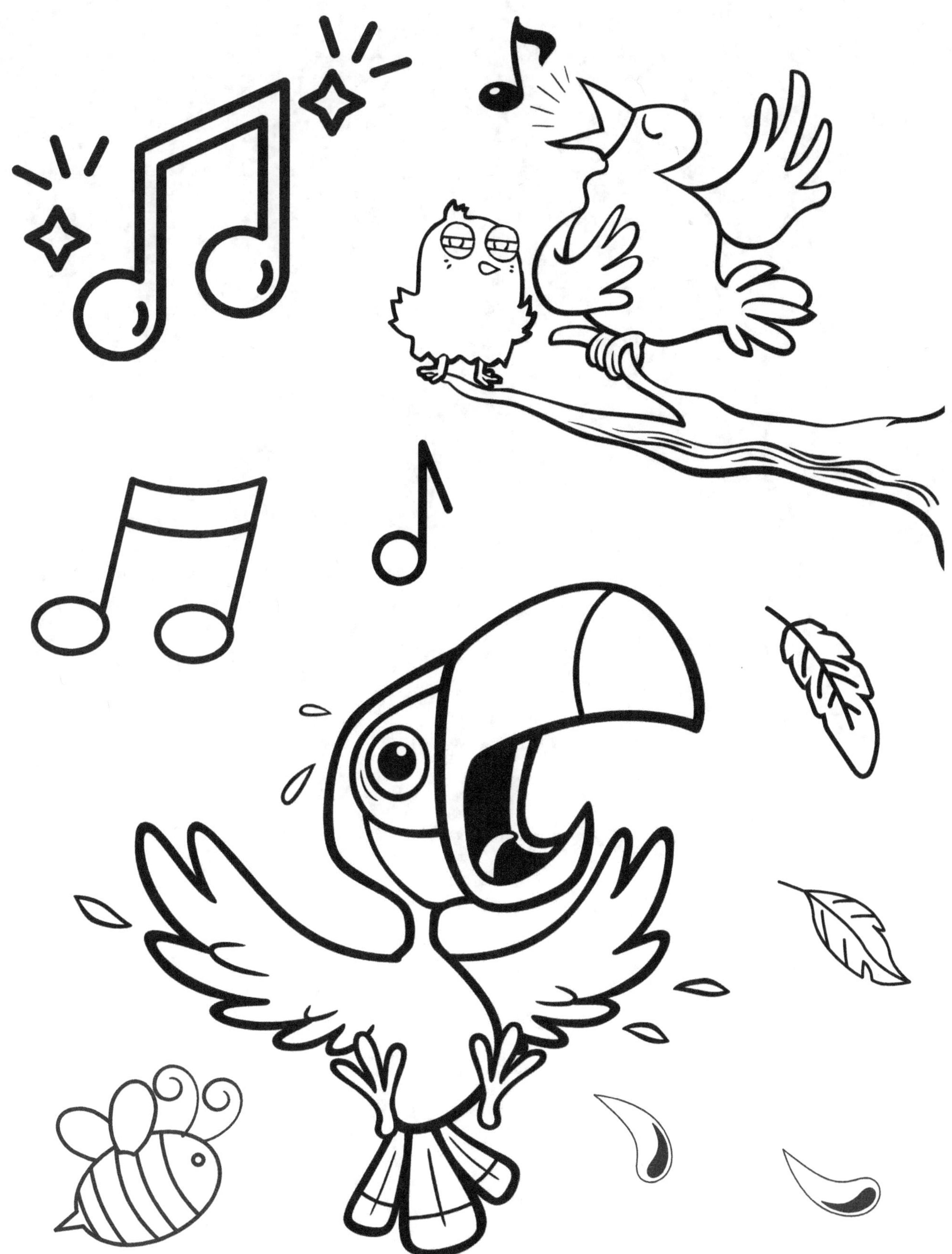

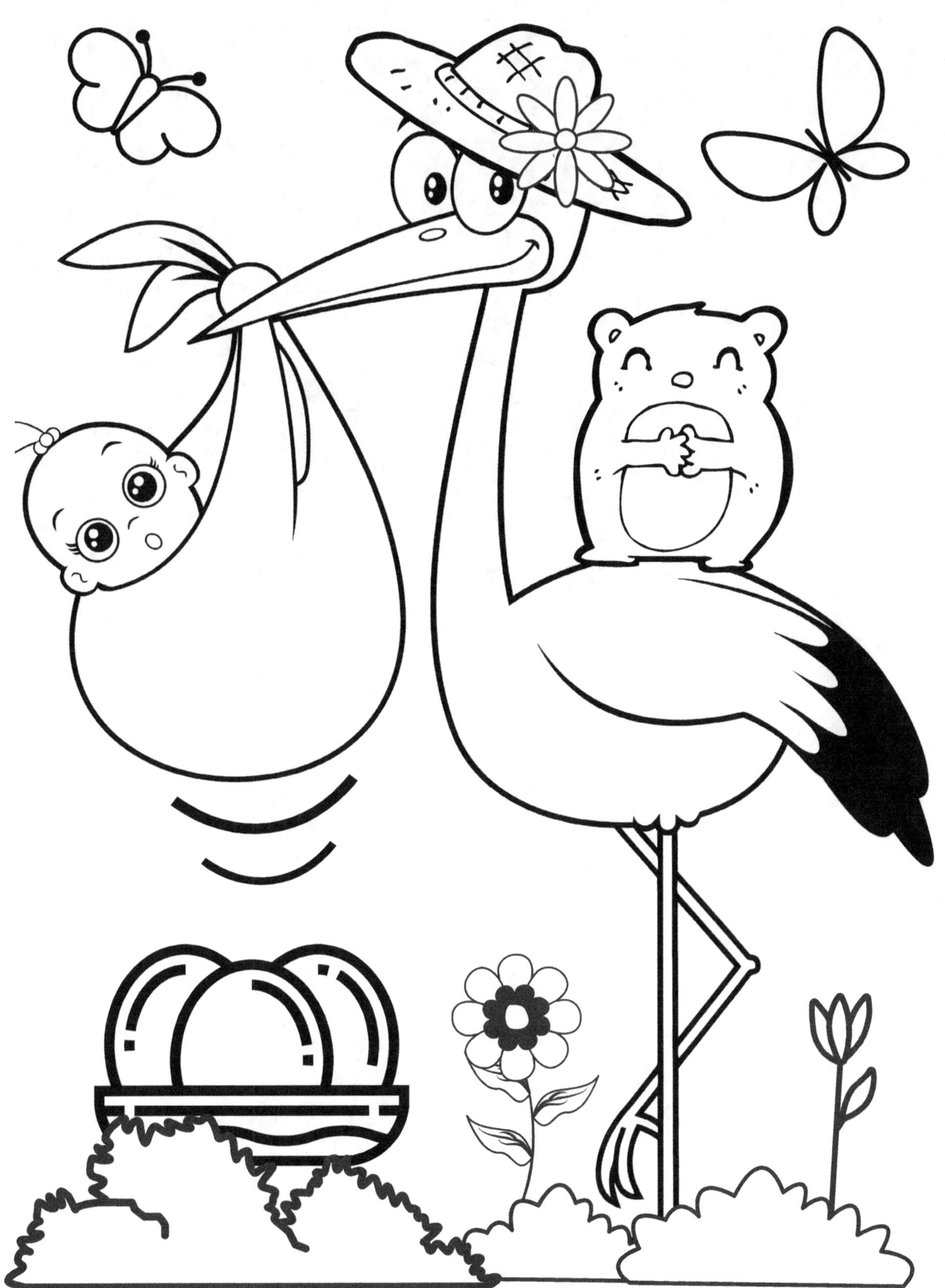

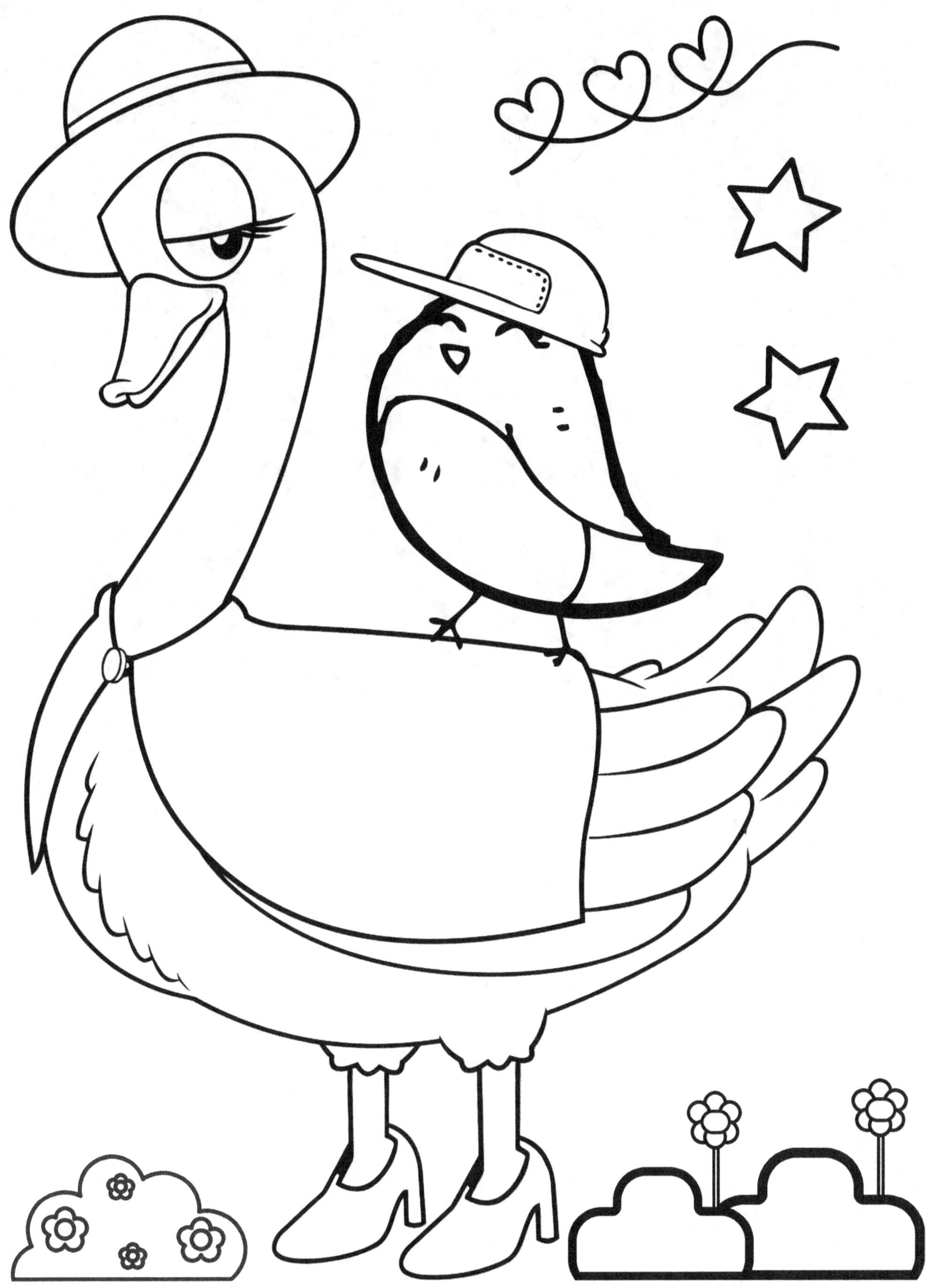

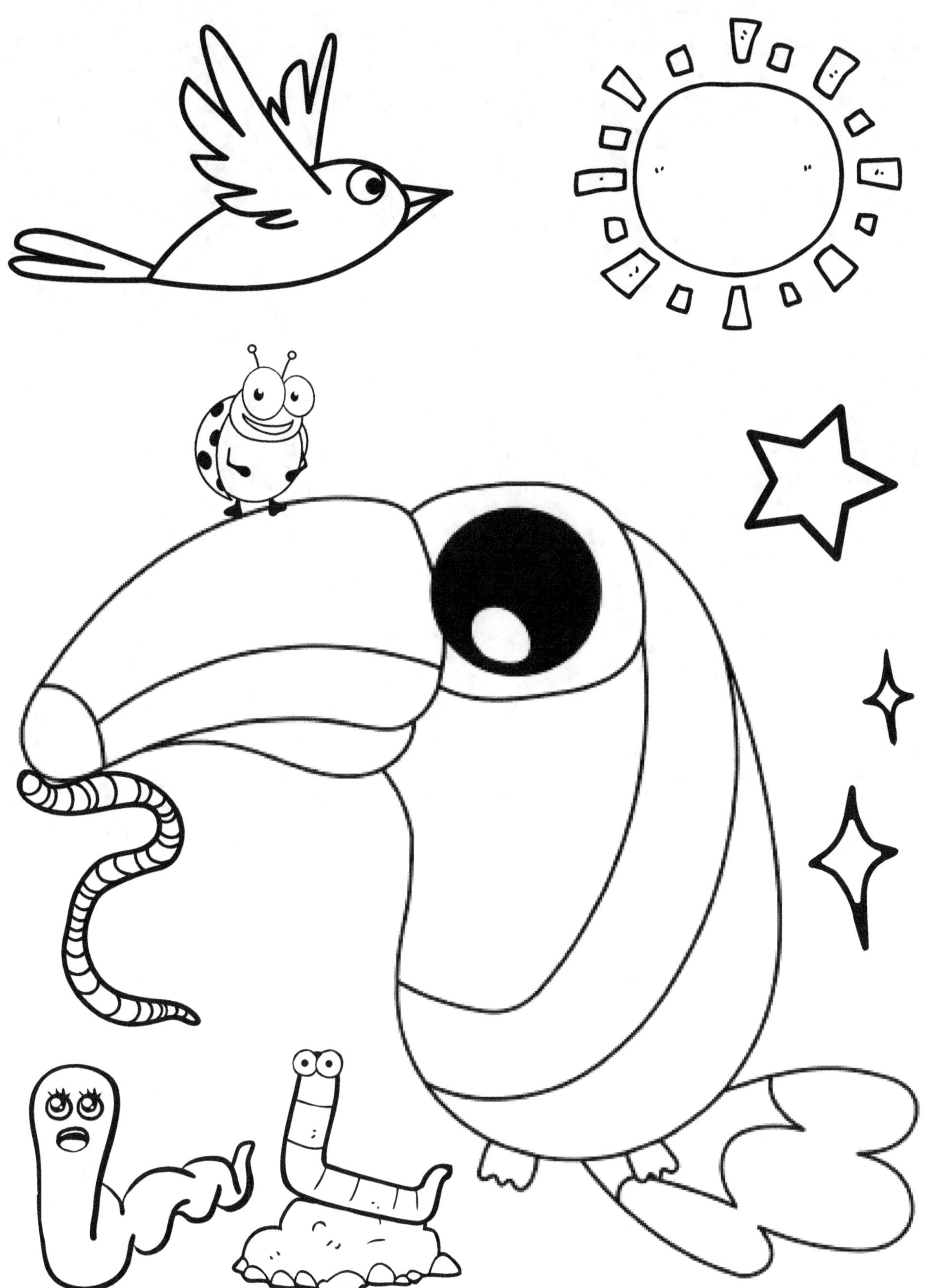

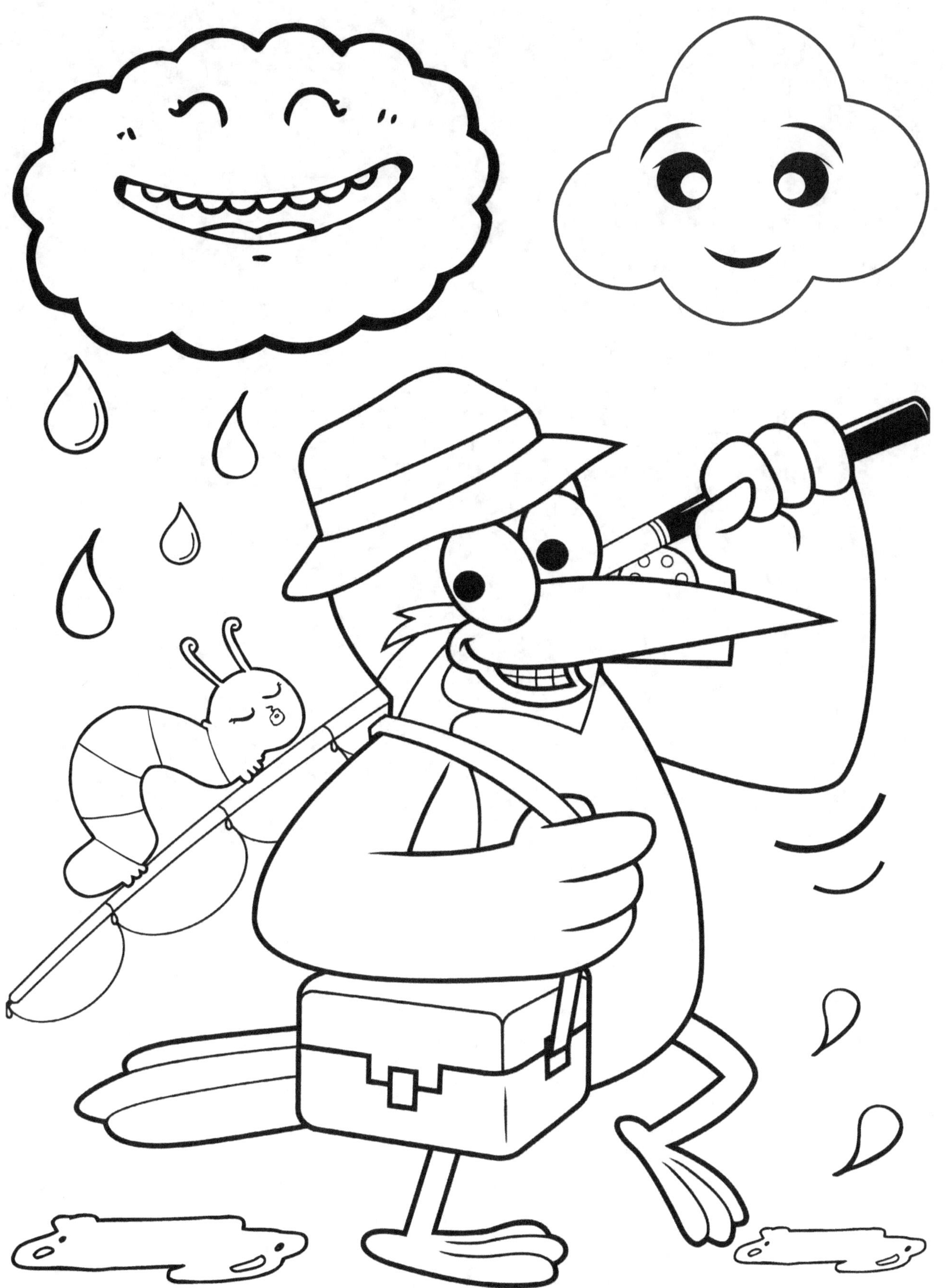

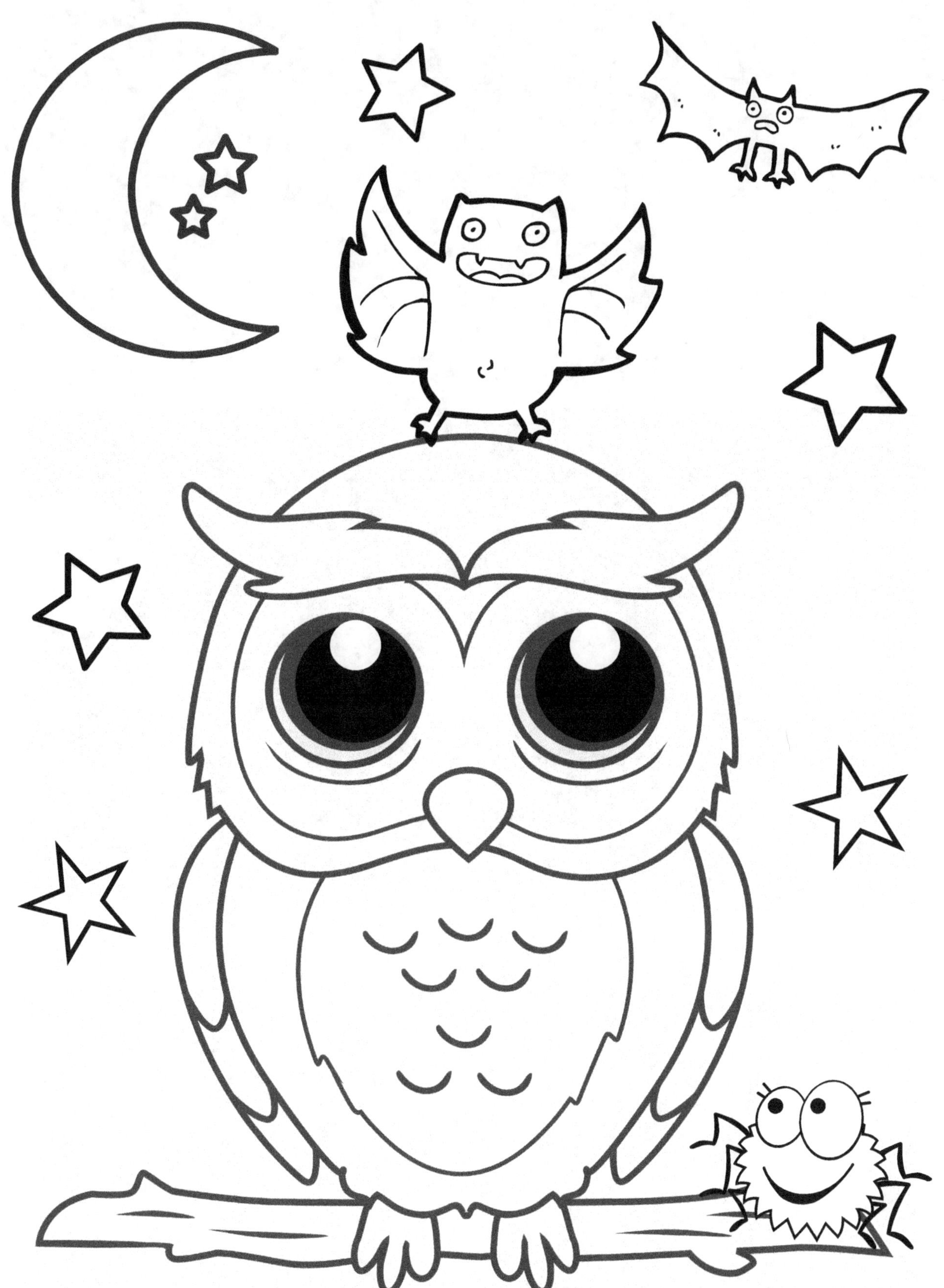

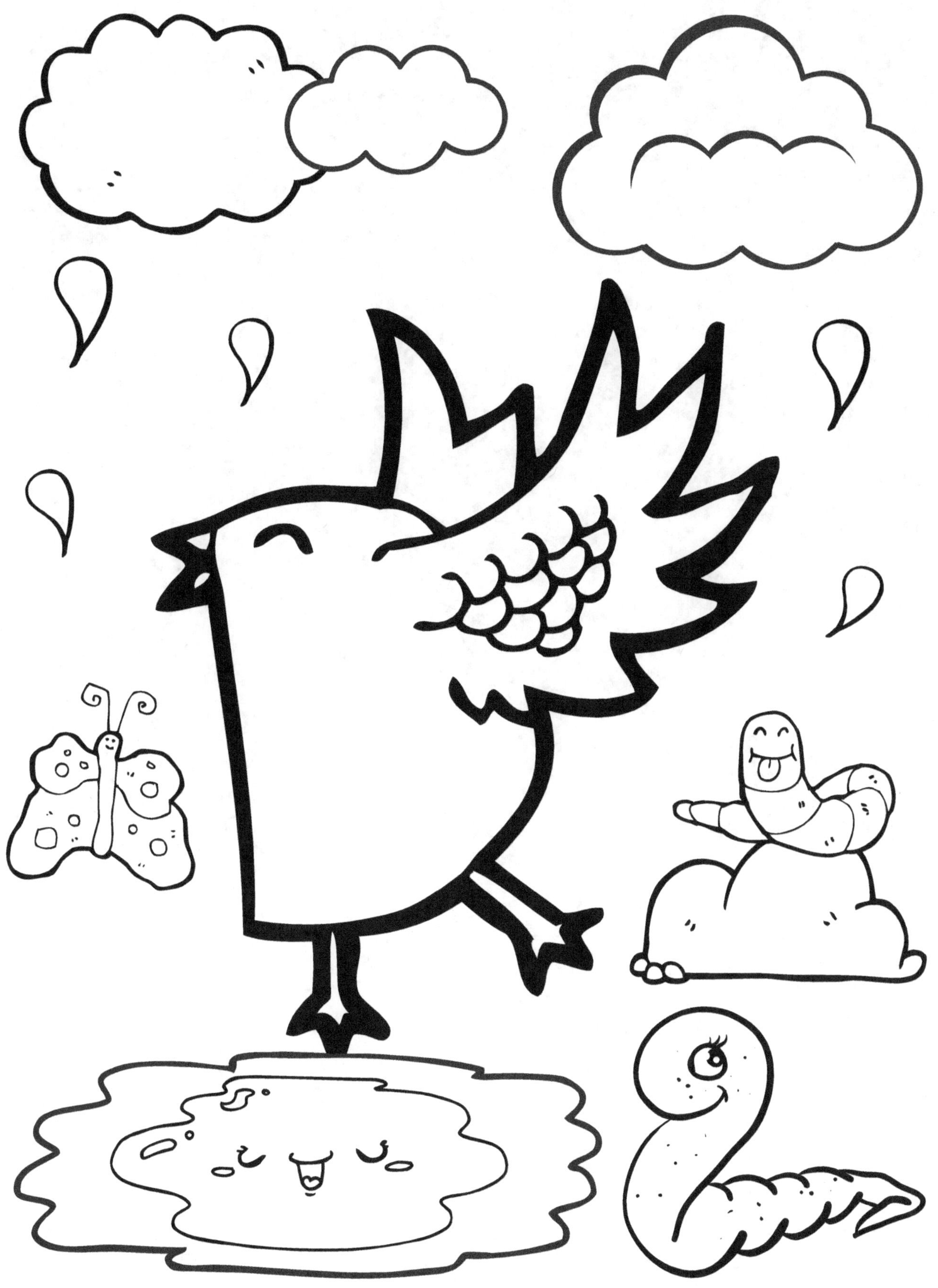

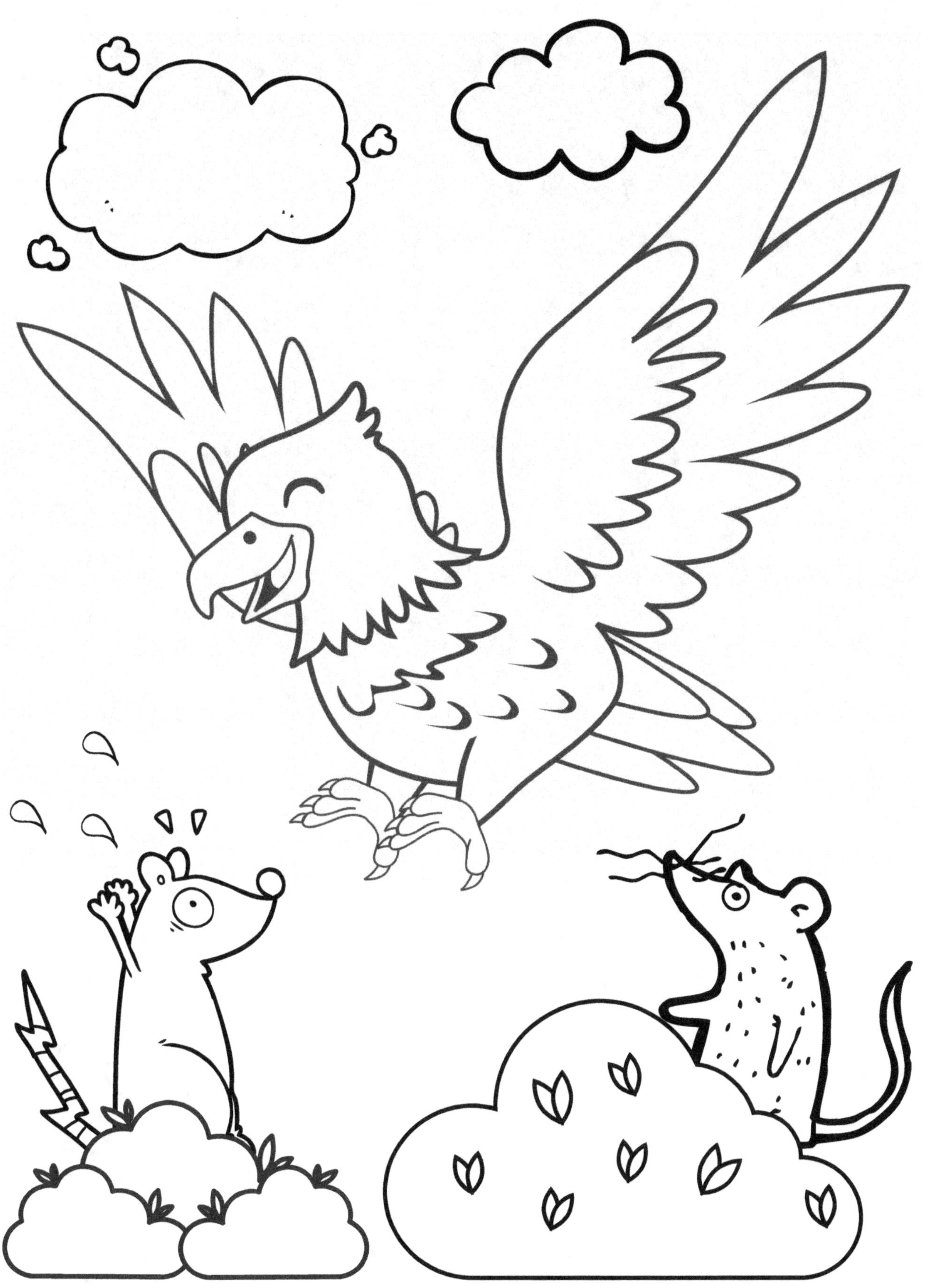

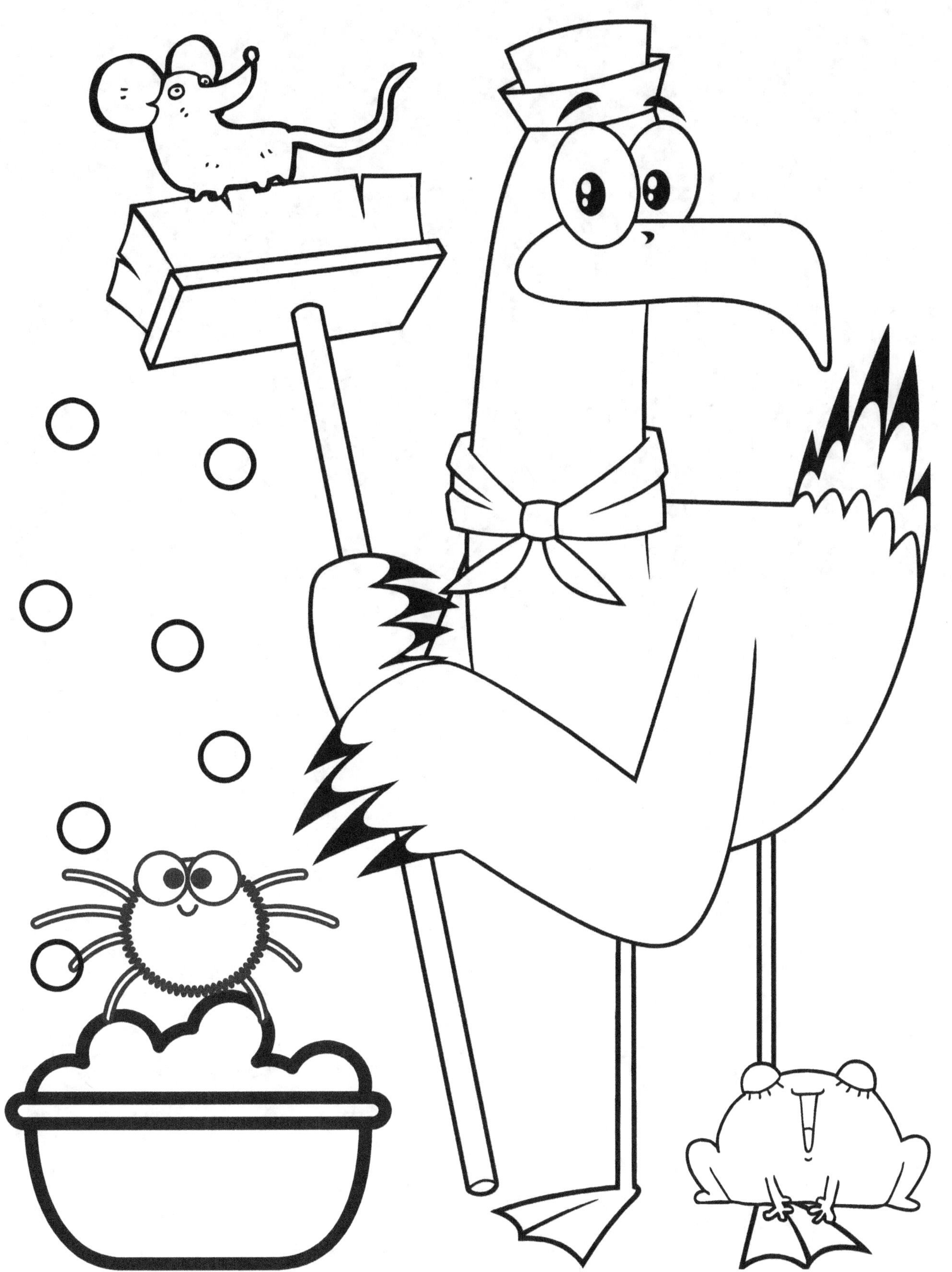

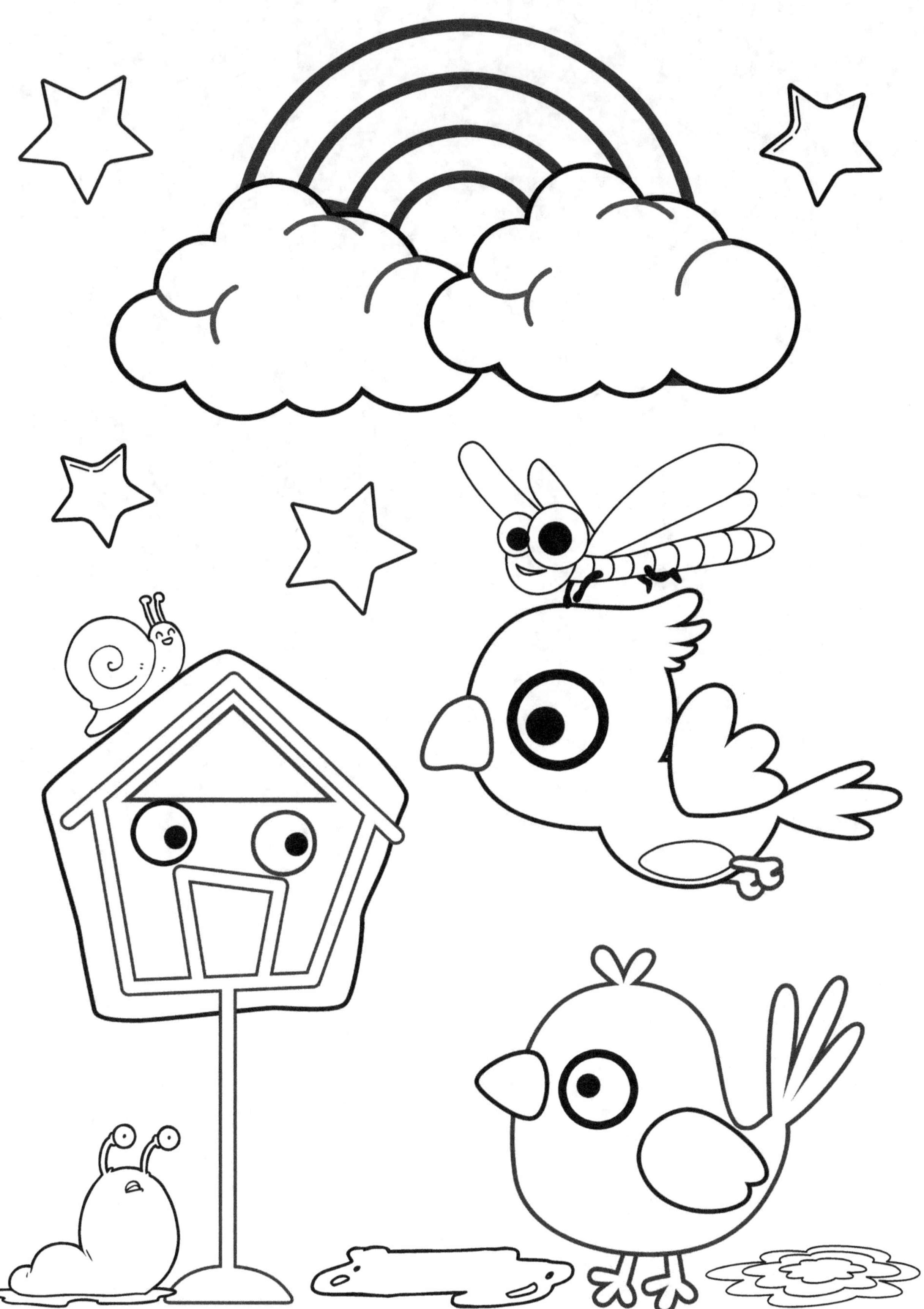

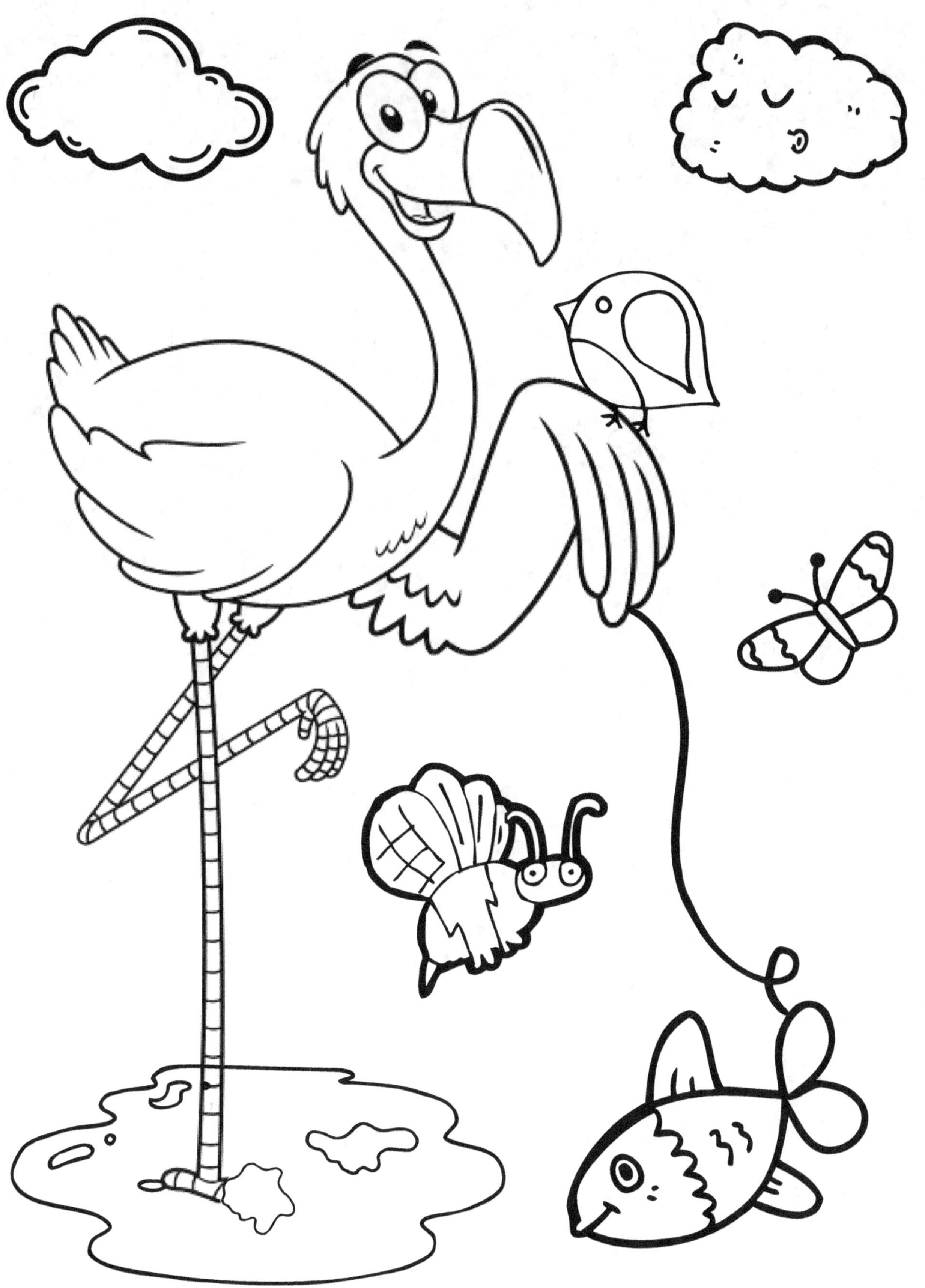

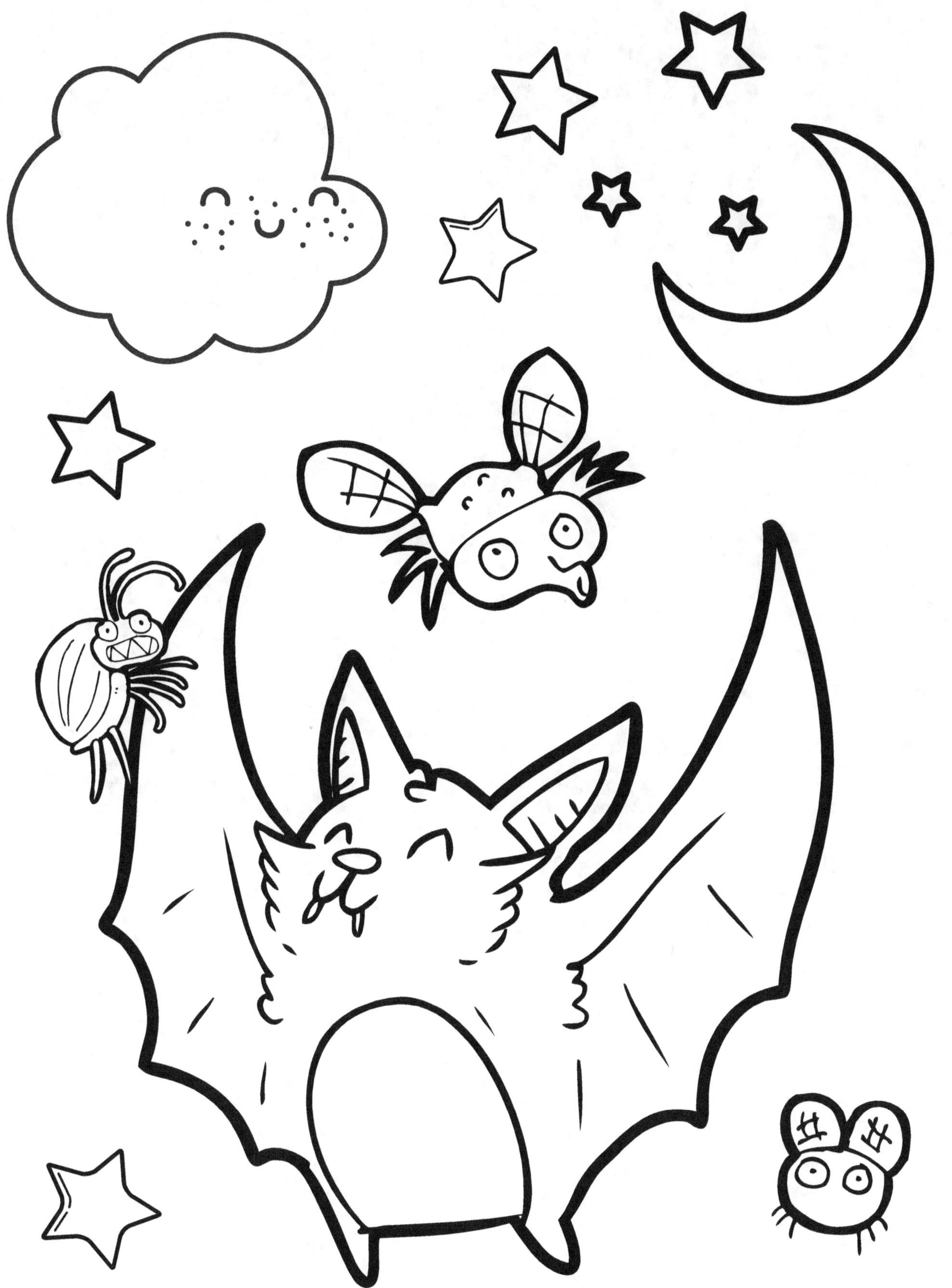

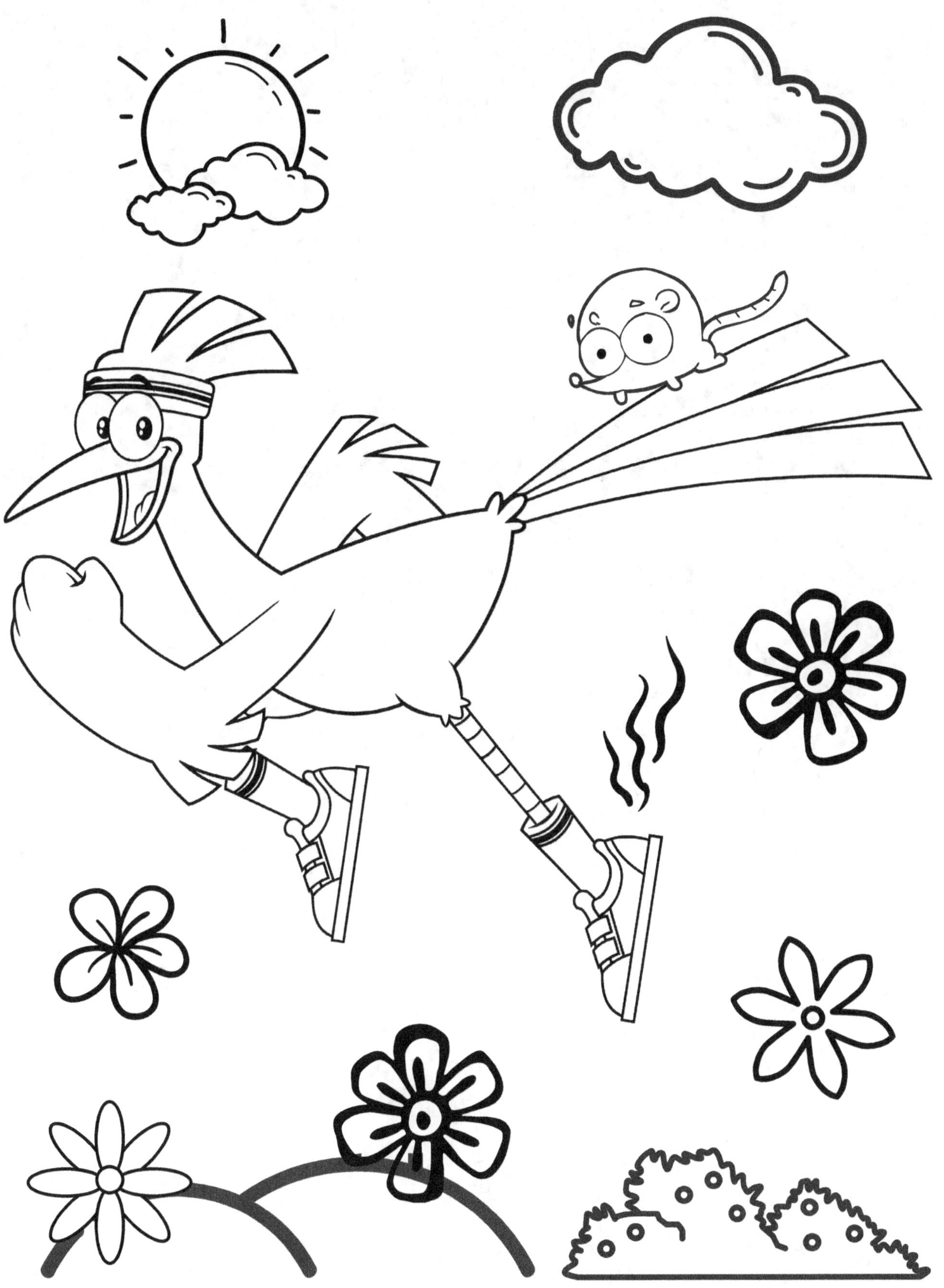

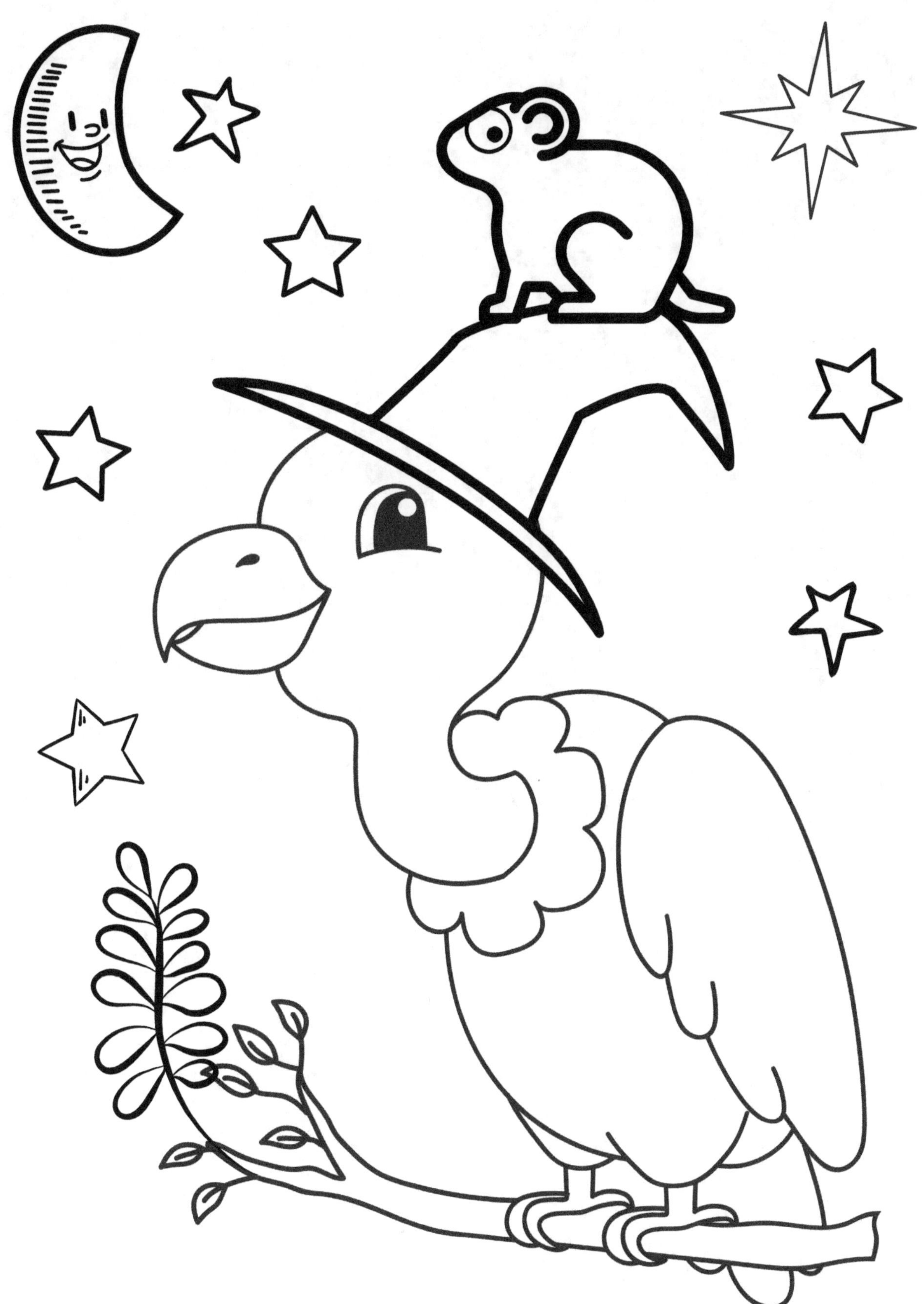

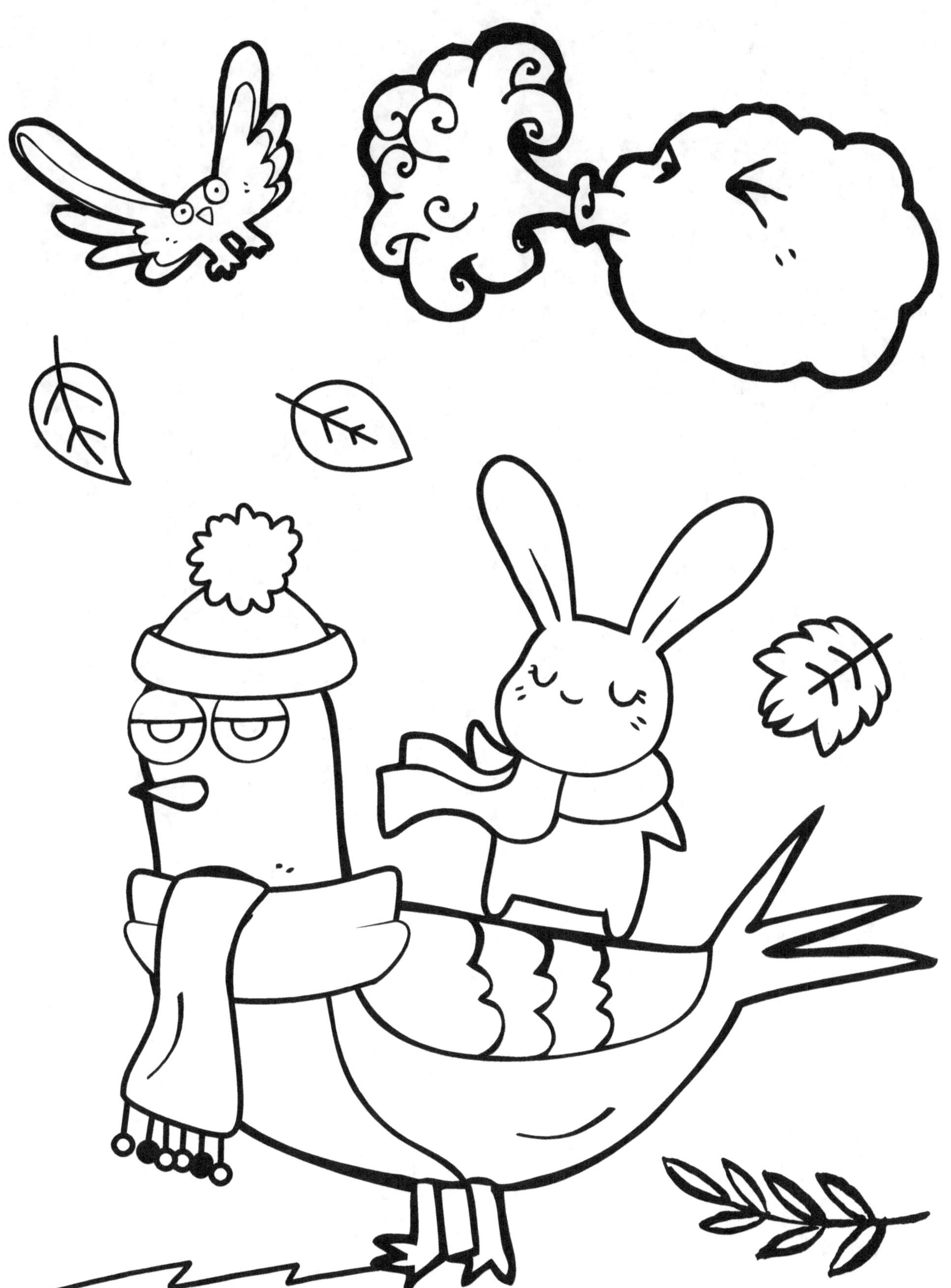

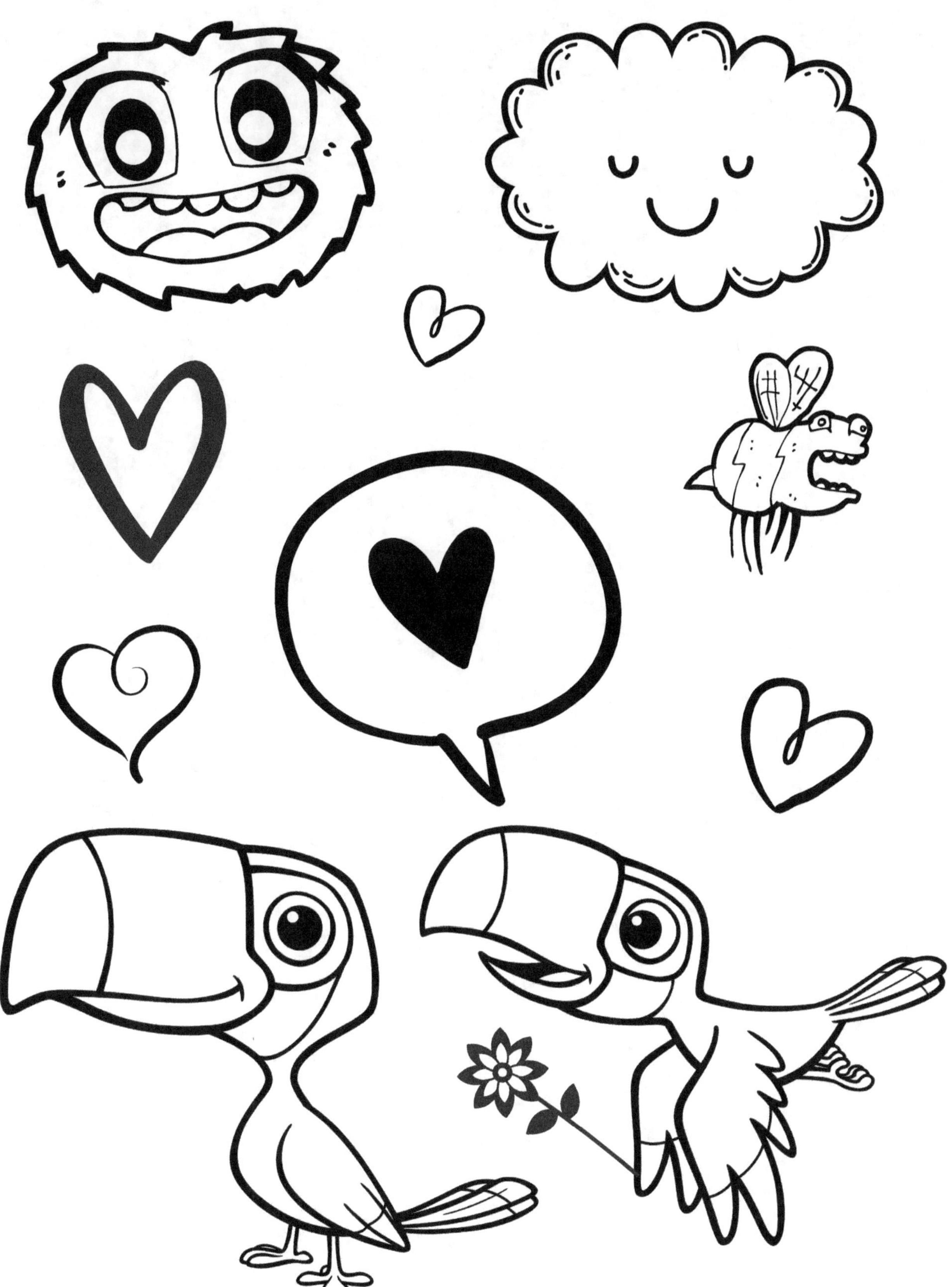

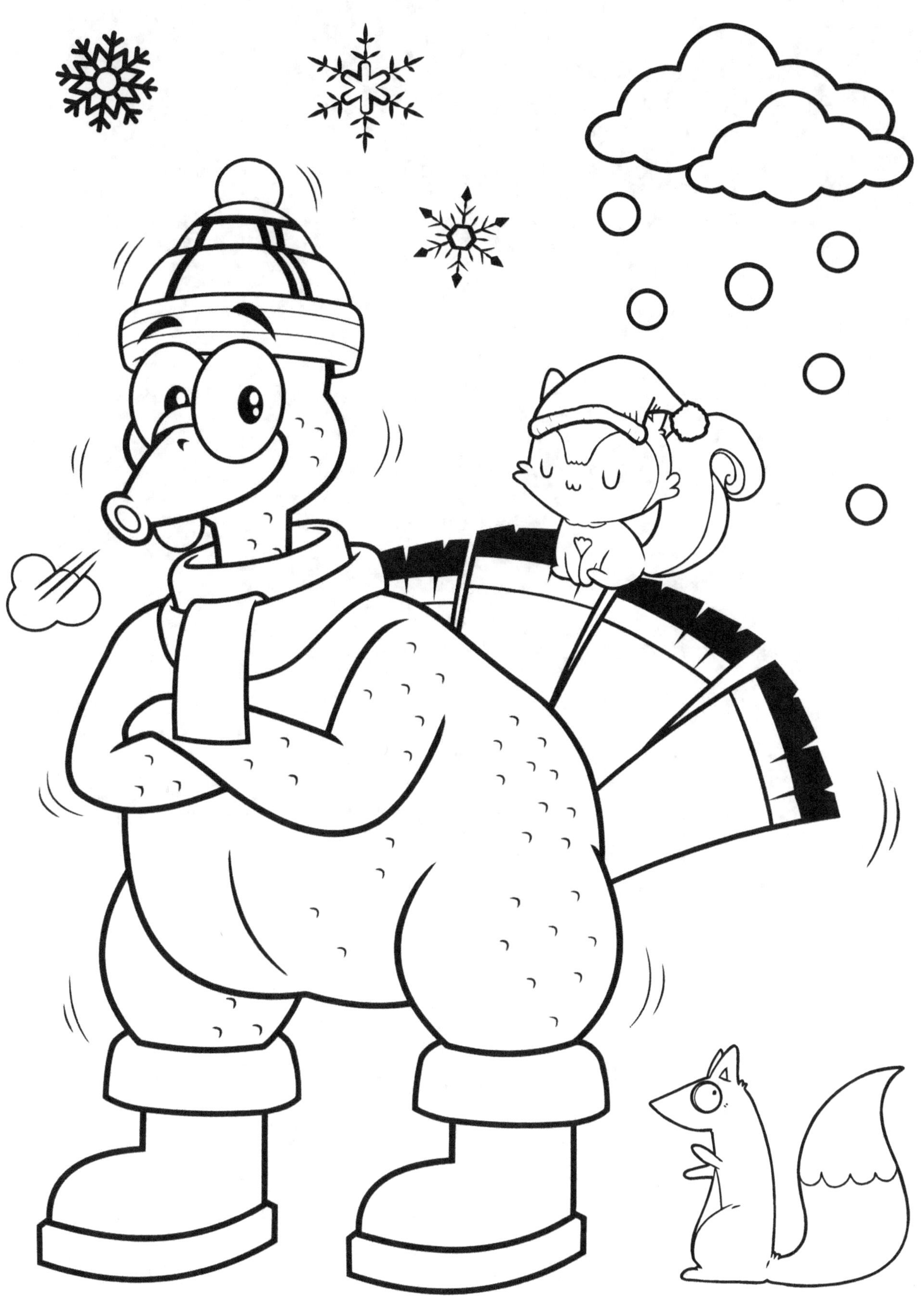

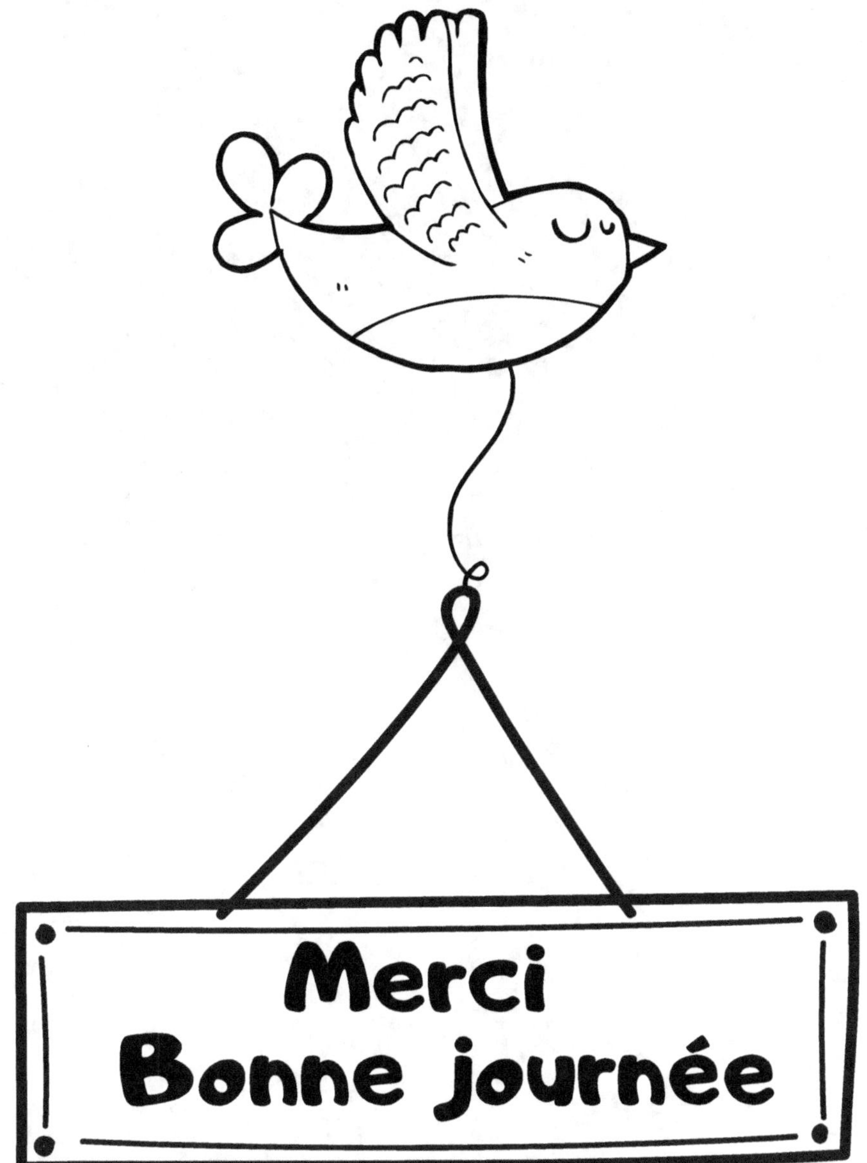

Merci
Bonne journée